केदारनाथ सिं

केदारनाथ सिंह का जन्म 7 जुलाई, 1934 को बलिया, उत्तर प्रदेश के चकिया गाँव में हुआ। 1976 से 1999 तक जवाहरलाल नेहरू विश्वविद्यालय के भारतीय भाषा केन्द्र में अध्यापन।

प्रकाशित कृतियाँ हैं—'अभी, बिलकुल अभी', 'ज़मीन पक रही है', 'यहाँ से देखो', 'अकाल में सारस', 'उत्तर कबीर और अन्य कविताएँ', 'तालस्ताय और साइकिल', 'बाघ', 'सृष्टि पर पहरा', 'मतदान केन्द्र पर झपकी', 'प्रतिनिधि कविताएँ' (काव्य-संग्रह); 'कल्पना और छायावाद', 'आधुनिक हिन्दी कविता में बिम्बविधान', 'मेरे समय के शब्द', 'कब्रिस्तान में पंचायत' (गद्य-कृतियाँ) तथा 'मेरे साक्षात्कार' (संवाद)।

अनेक पुरस्कारों से सम्मानित हुए जिनमें प्रमुख हैं : 'ज्ञानपीठ पुरस्कार', 'साहित्य अकादेमी पुरस्कार', 'व्यास सम्मान', 'मैथिलीशरण गुप्त सम्मान' (मध्य प्रदेश), 'कुमारन आशान पुरस्कार' (केरल), 'दिनकर पुरस्कार' (बिहार), 'जीवन भारती सम्मान', 'भारत भारती सम्मान', 'गंगाधर मेहर राष्ट्रीय कविता सम्मान' (उड़ीसा), 'जाशुआ सम्मान' (आन्ध्र प्रदेश) आदि।

निधन : 19 मार्च, 2018

संध्या सिंह

दिल्ली विश्वविद्यालय से हिन्दी साहित्य में एम.ए., एम.फिल.। जवाहरलाल नेहरू विश्वविद्यालय से पी-एच.डी.। एनसीईआरटी में प्रोफ़ेसर हैं।

'निराला का गीतकाव्य', 'निराला के काव्य का राजनीतिक सन्दर्भ' और 'रचना की ज़मीन' नाम से तीन आलोचनात्मक किताबें प्रकाशित। 'बात से बात' शीर्षक एक सम्पादित पुस्तक भी प्रकाशित। 'समझ का माध्यम' तथा 'वीरगाथा : स्टोरीज़ ऑफ़ परमवीर चक्र एवार्डी' (सह-लेखन) किताबें एनसीईआरटी से प्रकाशित।

ई-मेल : sandhya.ncert@gamil.com

रचना सिंह

दिल्ली विश्वविद्यालय से एम.ए., एम.फिल. एवं पी-एच.डी.। हिन्दू कॉलेज, दिल्ली विश्वविद्यालय में प्रोफ़ेसर हैं। 'मेरे साक्षात्कार' शीर्षक से कवि केदारनाथ सिंह के साक्षात्कारों का सम्पादन तथा 'नैनसी का धूड़ा' शीर्षक से स्वयं प्रकाश की ग्रामीण कहानियों का संचयन।

ई-मेल : roliraavi.1969@gmail.com

अगर बची है दूब

केदारनाथ सिंह के कविता-कर्म में प्रकृति और पर्यावरण की उपस्थिति बरगद की जड़ों की तरह इतनी गहरी और विस्तीर्ण है कि उनकी कुछेक कविताओं को पर्यावरण-केन्द्रित कहना अन्याय होगा। उनकी कई ऐसी कविताएँ जो आपाततः प्रकृति और पर्यावरण की परिधि से बाहर दिखती हैं, लोक और प्रकृति के ताने-बाने को अन्तःसलिला की तरह समेटकर रखती हैं। उनकी पर्यावरण सम्बन्धी कविताओं का चयन दुष्कर तो है ही, कइयों को ग़ैरज़रूरी भी लग सकता है। यह भी हो सकता है कि इस तरह के चयन में ऐसी कई कविताएँ छूट जाएँ जिनमें प्रकृति और पर्यावरण की चिन्ता थोड़े भिन्न स्वरूप में मौजूद है। इस चयन का उद्देश्य केदारनाथ सिंह की ऐसी कविताओं को एक स्थान पर दर्ज करना है, जिनमें प्रकृति और पर्यावरण या तो चरित्र-नायक की तरह या स्थापत्य के स्तर पर अधिक प्रदीप्त हैं। 'बाघ' कविता-शृंखला की कविताओं को इस चयन में जान-बूझकर छोड़ा गया है, क्योंकि 'बाघ' पुस्तकाकार अलग से उपलब्ध है और स्वयं कवि के शब्दों में 'मेरी एक कोशिश लगातार यह रही है कि बाघ को किसी एक बिन्दु पर इस तरह कीलित न किया जाए कि वह अपनी ऐन्द्रिक मूर्तिमत्ता को छोड़कर किसी एक विशेष प्रतीक में बदल जाए।'

अपने आख़िरी संग्रह 'मतदान केन्द्र पर झपकी' में शामिल 'पानी' कविता में कवि ने लिखा है :

मैं घोषित करता हूँ
कि पानी
मेरा धर्म है
आग मेरा वेदान्त
हवा से मैंने दीक्षा ली है
घास-पात मेरे सहपाठी

रास्ता मेरा देवता है
मकई मेरा कल्पवृक्ष
भागड़नाला मेरी गंगा

इस तरह यह वृद्ध शिशु
दुनिया के चौराहे पर
खड़ा है चंगा।

यहाँ कवि अपने पूरे जीवन को जैसे गढ़ी हुई औपचारिक लकीरों के विरुद्ध सहज और नैसर्गिक प्रवाह में तिरोहित कर देना चाहता है। मानो प्रकृति के ये घटक या उपादान कवि के जीवन से अभिन्न और अविच्छिन्न हों और उसके जीवन का सारा राग इन्हीं से बुना हुआ हो।

ग़ौरतलब है कि केदारनाथ सिंह की कविता में पर्यावरण कभी सायास विचार-बिन्दु की तरह नहीं आता। उनकी कविताओं में प्रकृति और पर्यावरण की उपस्थिति आलम्बन, उद्दीपन या प्रतीक की तरह नहीं, सजीव सहचर की तरह है। ठीक उस तरह जैसा अपनी बाघ कविता-शृंखला के आमुख में कवि ने बाघ के लिए कहा है :

बिम्ब नहीं
प्रतीक नहीं
तार नहीं
हरकारा नहीं
मैं ही कहूँगा

क्योंकि मैं ही
सिर्फ़ मैं ही जानता हूँ
मेरी पीठ पर
मेरे समय के पंजों के
कितने निशान हैं...।

केदारनाथ सिंह की कविताओं में प्रकृति की छोटी से बड़ी आवाज़ाही जीवन से एकाकार संगीत की तरह सुनाई पड़ती है। देखा जाए तो उनकी कविताओं में प्रकृति और पर्यावरण की मौजूदगी साँस की तरह है—अदृश्य

और अनायास, पर अनवरत और अपरिहार्य। इन कविताओं की बनावट में वनस्पतियाँ, जीव-जन्तु, कीट-पतंग विषय की तरह नहीं, चरित्र की तरह आते हैं। कभी मधुमक्खियाँ नारे लगाती हैं, चींटियाँ रोती हैं, तो पानी प्रभु से प्रार्थना करता है। दरअसल उनकी कविताओं को अलग-अलग साँचों में बाँटकर बात की ही नहीं जा सकती। बगुलों और अबाबीलों की बात कहकर कवि इतिहास, समाज, राजनीति और पर्यावरण की कई जटिल वास्तविकताओं को सहजता से हमारी संवेदना का हिस्सा बना देता है। कवि के रूप में केदारनाथ सिंह की सफलता की यह एक महत्त्वपूर्ण वजह है।

पर सोचता हूँ क्या राष्ट्रों के इतिहास की तरह
अलग-अलग होता है घोंसलों का इतिहास भी?
कितना अलग होता है एक नाइजीरियाई
बगुले का खोंता
भारत के बगुले से?
ईरानी अबाबीलें
जब किसी घोंसले के बन जाने का
मनाती हैं जश्न
तो क्या पहुँचता नहीं न्योता
मंगोल अबाबीलों को?...

प्रकृति की लघु और विराट हलचल, उथल-पुथल मानव-जीवन का व्यापक सरोकार बनकर कवि की लगभग हर कविता में मौजूद है। कवि की यह चिन्ता लगातार बनी रहती है कि वह पानी को उसका पानीपन और त्वचा को उसका स्पर्श लौटा सके। और इस तरह मध्यस्थ बाज़ार से तो प्रकृति विद्रोह तक कर उठती है :

आज घर में घुसा
तो वहाँ अजब दृश्य था
सुनिए— मेरे बिस्तर ने कहा—
यह रहा मेरा इस्तीफा
मैं अपने कपास के भीतर
वापस जाना चाहता हूँ...।

आज पूरा विश्व जिस तरह से पर्यावरण संकट से गुज़र रहा है, यह चिन्ता का विषय है। यह चिन्ता जब कवि की चिन्ता बन जाती है तो जीवन के संकट का प्रश्न बन जाती है क्योंकि कवि पूरी पृथ्वी का नागरिक होता है। पृथ्वी की सभी आहटें उसकी बंसी के सुर बन जाती हैं। ऐसे विषय जब लेखन में आते हैं तो अक्सर बेसुरे हो जाते हैं। ऐसी स्थिति में कविताएँ सुरसाधक-शब्दसाधक की तरह आपका सन्तुलन बनाए रखती हैं।

केदारनाथ सिंह की इन कविताओं को पढ़ते हुए बार-बार यह लगा कि नदी सम्बन्धी कविताओं के साथ-साथ पानी की उपस्थिति यहाँ इतनी अधिक है कि इनका भी अलग से संकलन तैयार करने की आवश्यकता है। कवि केदार के यहाँ पानी के इतने भिन्न रूप, भिन्न स्रोत, भिन्न स्वरूप मिलते हैं कि इस पर अलग से भी विचार करने की ज़रूरत महसूस होती है। चयनित कविताओं में ही पानी की उपस्थिति अधिकांश जगहों पर है। पानी वहाँ तिलिस्म है, रोशनी है, जीवन है—

पानी का अर्थ बोलना
आदमी का खड़ा होना पानी का अर्थ है

सिर्फ़ पेड़ का हरा होना
पानी का अर्थ कदापि नहीं है...।

पानी का संकट मनुष्य को युद्ध के निकट खड़ा कर देगा। मनुष्य अभी भी खड़ा न हुआ तो तीसरे विश्वयुद्ध का कारण पानी भी बन सकता है। कवि के यहाँ आदमी का खड़ा होना या बोलना मात्र साँस लेना क़तई नहीं होता। खड़ा होना सब कुछ होने के बावजूद इनसान के हौसले का खड़ा होना भी है। पानी का संकट दिनोंदिन विश्व में निरन्तर गहराता जा रहा है। जीवन के सारे सोते सूखते नज़र आ रहे हैं। ऐसे में केदारनाथ सिंह के यहाँ पानी की एक पतली-सी धार भी उम्मीद जगाती है। कभी फूलदान के नीचे, कभी कालीन के नीचे, तो किसी मेज़ के नीचे पानी की आवाज़ यहाँ सुनाई पड़ जाती है—एक विश्वास-भरी आवाज़। इसी विश्वास ने भयावहता का सामना करना सिखाया है। इन कविताओं में प्रवेश करते हुए नदी की छाती पर बनते पुलों को तोड़कर बेरोक-टोक बहने देने की प्रतिबद्धता स्वीकारनी होगी। कवि के यहाँ बाढ़ भी इनसान को थोड़ी-सी जगह दे देती है। बाढ़ चाहे

कितनी भयानक हो, पानी में थोड़ी-सी जगह मिल ही जाती है इनसान को। कवि जब रोहतांग दर्रे में एक बर्फ़ के टुकड़े को देखता है तो उसे लगता है—

इस ख़त्म होती हुई सदी के छोर पर
अपनी जगह पर टिकी वह अकेली चीज़ है
जो तुम्हें अब भी आश्वस्त करेगी
नदियों के जल
और स्त्रियों के प्रजनन-शक्ति के बारे में।

यद्यपि मानवीय स्वैराचार से हमारे समय में हर चीज अपनी जगह से खिसक गई है। धरती अपनी पहचान खो रही है। कुछ भी अपनी जगह पर नहीं रह गया है—पानी या फिर चेहरा। पानी की तलाश में इनकी कविताएँ जंगल-जंगल, खेत-खलिहान, घर-घर, बाज़ार-हाट भी घूम आती हैं। पानी हर जगह से धीरे-धीरे ग़ायब हो रहा है। पर चेहरे से पानी का ग़ायब होना कवि को कुछ अधिक उदास कर देता है। चेहरे से उतरते पानी के, कुएँ या नदी के मटमैले होते पानी के बीच के सम्बन्ध से हम शायद आँखें मूँद चुके हैं लेकिन पानी इस पर शर्मिन्दा है—

शर्मिन्दा हूँ प्रभु,
और इस घटना पर हिल रहा हूँ अब तक
पर कोई करे भी तो क्या
समय ही कुछ ऐसा है
कि पानी नदी में हो
या किसी चेहरे पर
झाँककर देखो तो तल में कचरा
कहीं दिख ही जाता है!

औद्योगिक विकास की दौड़ और शोर में जहाँ हर आवाज़ अनसुनी रह जाती है, वहाँ केदारनाथ सिंह चींटियों की रुलाई तक सुन लेते हैं। इसीलिए इन्हें लगता है—

यह शहर अपनी जगह से खिसककर
गलत अक्षांश पर आ गया है
कि अपनी धुरी से

उतर गए हैं इसके चक्के
और इस इतने बड़े शहर में अब इतनी भी जगह नहीं
कि एक गर्भवती चींटी
कहीं रख दे अपना अंडा

उसकी चिन्ता है कि वह हर चीज़ को उसका वास्तविक रूप कैसे लौटाए—

मैं तो बस इसके कौओं को
उनका उच्चारण
इसके पानी को
उसका पानीपन
इसकी त्वचा को
उसका स्पर्श लौटाना चाहता हूँ...।

अपनी वास्तविक पहचान में न रहने का ख़तरा बढ़ता रहा तो हम 'एक और अकाल' की स्थिति में पहुँच जाएँगे। वहाँ लोगों को नहीं जानते होंगे लोग। इसलिए कवि एक दूसरे से विच्छिन्न आज और अभी के अवास्तविक जाल में फँसे बीमार लोगों को लगभग चेतावनी देते हुए कहता है—

यह पशुओं के बुख़ार का मौसम है
यानी पूरी ताक़त के साथ
ज़मीन को ज़मीन
और फ़ावड़े को फावड़ा कहने का मौसम...।

प्रकृति शुरुआती दौर में कविता में सामान्यतः स्थायी विषय की तरह उपस्थित रही है। पर केदारनाथ सिंह के यहाँ प्रकृति विषय के तौर पर नहीं आती, बल्कि औद्योगिकी-प्रौद्योगिकी से हुए परिवर्तनों से मुखामुखम करते हुए सृष्टि की स्थायी नागरिक की आवाज़ की तरह उपस्थित है। इस ओर भी केदारनाथ सिंह का ध्यान जाता है कि पृथ्वी पर प्रकृति का स्थायी रूप कुछ दिनों, कुछ महीनों या कुछ सालों का नहीं है; बल्कि सदियों पहले किसी इनसान ने धूप, हवा, बादल, पानी को हर मार से बचाया होगा। उसी का नतीजा है कि हम साँसें ले पा रहे हैं। पर आज हम जिस हवा में साँसें ले रहे हैं, वह कल आनेवाले लोगों के लिए

शायद बचा न रहे। यह सोच हमें शायद बेचैन न करती हो पर कवि को पानी की हर बूँद, हवा का एक-एक कण इस ओर ध्यान दिलाता है—

क्या तुम विश्वास करोगे
कि आज की धूप में
अगली सदी के किसी शनिवार की गर्मी है

कि अभी-अभी
तुम्हारे नल से
टपक रहा था, जो पानी
वह अड़तीसवीं सदी के
किसी कुएँ से आ रहा था।

× × ×

जब वर्षा शुरू होती है
एक बहुत पुरानी-सी खनिज-गन्ध
सार्वजनिक भवनों से निकलती है
और सारे शहर पर छा जाती है... ।

कवि इस बात से वाक़िफ़ है कि बाज़ार ने दुनिया के गणित को उलझा रखा है। हर रिश्ते को बेमानी कर दिया है। भूख से दाने का रिश्ता मनुष्य भूल गया है। गाँव से शहर का रास्ता तो बनता है पर शहर से गाँव का रास्ता अब तक नहीं बना। बाज़ारवादी दृष्टिकोण से अलग होकर एक बार इसे देखने की ज़रूरत है।

कैसा रहे
बाज़ार न आए बीच में
और हम एक बार
चुपके से मिल आएँ चावल से... ।

बरसों पहले दिल्ली से चकिया के लिए लिखी चिट्ठी अब वहाँ पहुँचने के लिए बेचैन है। इनके यहाँ किसान सिर्फ़ दानों का प्रहरी नहीं है, बल्कि भविष्यवेत्ता की तरह आता है। शायद कवि की दृष्टि जब सम्भावनाओं की तलाश में भटकती है तो गाँव और किसानों पर टिक जाती है। कवि स्वयं यह स्वीकार करते रहे कि

गाँव के अनुभव उनकी कविता के लिए कच्चे माल का काम करते हैं। 'कुछ सूत्र जो एक किसान बाप ने बेटे को दिए' कविता में वे लिखते हैं—

अगर कई-कई रातों तक
कभी सुनाई न पड़े स्यारों की आवाज़
तो जान लेना
बुरे दिन आनेवाले हैं।...

स्यार की आवाज़ का न होना क्या होता है, यह बात क्या किसी भी तरह हम अपनी पीढ़ी और आनेवाली पीढ़ी को समझा पाने में समर्थ होंगे? क्या हम बता पाएँगे कि दाने से चिड़िया और बढ़ई का आरी से क्या रिश्ता है? कवि ऐसे ही कुछ रिश्तों को सुलझाने की कोशिश में आपको आमंत्रित करता है।

छोटी से छोटी चीज को उसकी गरिमा के साथ दर्ज करना सृजनात्मकता होती है? यह सृजनात्मकता कवि के पास अकूत है। उसे विश्वास है कि—

अभी बहुत कुछ है
अगर बची है दूब...।

यह अकारण नहीं है कि टिटिहरी, फूलसुँघनी, चींटियाँ, कबूतर, नीलकंठ, अबाबील, केंचुआ, गौरैया, बिच्छू, जलकुम्भी, दीमक, चील, बया, गूलर, कीचड़, बड़, पाकड़, बालू, महुआ, बबूल जैसे कविता में दिखाई पड़नेवाले कविता के अस्थायी नागरिक कवि के यहाँ स्थायी नागरिकता हासिल करते हैं। कविता के परिवेश से समान्यतः बाहर रहनेवाले प्रकृति के ये घटक कवि केदार की कविता में पूरी ठसक के साथ मनुष्य से अभिन्न होकर संवाद करते हुए दिखाई देते हैं।

पर्यावरणीय दृष्टि से केदारनाथ सिंह की कविताओं के चयन का यह सम्भवतः पहला प्रयास है। यद्यपि इस तरह खाँचों में बाँटकर कविता को देखने के परिणाम घातक भी हो सकते हैं। पर इससे कवि के दृष्टि-विस्तार को समझने और ऐसे विषयों को भाषा में बरतते हुए ज़रूरी संवेदनशील बिन्दुओं को उजागर करने में कुछ सहायता अवश्य मिलेगी, ऐसी उम्मीद है। साथ ही, कवि के कुछ अनचीन्हे बिन्दुओं को भी रेखांकित किया जा सकेगा।

—संध्या सिंह
रचना सिंह

क्रम

[2]

तुम गरजो
पेड़ चुरा लेंगे गर्जन!
तुम कड़को
चट्टानों में बिखर जाएगी वह कड़कन!
तुम बरसो
फूट पड़ेगी प्राणों की उमड़न-कसकन!
फिर हम अबाध भीजेंगे,
झूमेंगे!
ये हरी भुजाएँ
नील दिशाओं को छू आएँगी!
फिर तुम्हें बनों में पाखी गाएँगे;
फिर नए जुते खेतों से
हवा-हवा बस जाएगी!

फिर नयन तुम्हें जोहेंगे
जूही के जादूबन में,
परियों के देश,
साँझ के सूने टीलों पर;
फिर पवन-अँगुलियाँ
तुम्हें चीन्ह लेंगी पौधों में;
पत्तों में
कत्थई कोंपलों में!

तुम कि पिता हो!
कहीं तुम्हारे संवेदन में भी तो यही कम्प होगा
जो हमें हिलाता है!

ओ सुनो, रंगवर्षी बादल!
ओ सुनो, गन्धवर्षी बादल!
हम तुम्हें माँगते हैं!
हम अधजनमे धानों के बच्चे
तुम्हें माँगते हैं!

दीपदान

जाना, फिर जाना,
उस तट पर भी जाकर
दिया जला आना!
पर पहले अपना यह आँगन कुछ कहता है!
उस उड़ते पल्ले से
अड़हुल की डाल बार-बार उलझ जाती है!
एक दिया वहाँ भी जलाना!
जाना, फिर जाना!

एक दिया वहाँ
जहाँ नई-नई दूबों ने कल्ले फोड़े हैं;
एक दिया वहाँ
जहाँ उस नन्हे गेंदे ने
अभी-अभी
पहली ही पँखड़ी बस खोली है!

एक दिया वहाँ
जहाँ गगरी रक्खी है!
एक दिया वहाँ
जहाँ बर्तन मँजने से गड्ढा-सा दिखता है!

एक दिया वहाँ
जहाँ अभी-अभी धुले
नए चावल का गन्ध भरा पानी फैला है!
एक दिया उस घर में
जहाँ नई फ़सलों की गन्ध छटपटाती है
एक दिया उस जँगले पर—
जिससे दूर नदी की नावें अक्सर दिख जाती हैं!

एक दिया वहाँ
जहाँ धवरा बँधता है;
एक दिया वहाँ
जहाँ पियरी दुहती है;
एक दिया वहाँ
जहाँ अपना प्यारा झबरा
दिन-दिन भर सोता है!

एक दिया
उस पगडंडी पर
जो अनजाने कुहरों के पार
डूब जाती है!
एक दिया
उस चौराहे पर
जो मन की सारी राहें
विवश छीन लेता है!

एक दिया।
इस चौखट,

एक दिया
उस ताखे,
एक दिया
उस बरगद के तले जलाना!
जाना, फिर जाना!

ज़मीन

उसने तय किया वह बढ़ई के पास जाएगा
और बातचीत शुरू करेगा
पत्ते गिर रहे हैं और इस समय उसकी रुखानी का
ज़रा-सा हिलना भी निर्णायक हो सकता है

लाल पत्थर की तरह लग रही थी ज़मीन
जब उसने पहली बार देखा
और उसे याद आया यही मौसम है जब पेड़
सबसे ज़्यादा परेशान होते हैं
मेज़ और कुर्सियाँ बनने के लिए

अगर इस समय पेड़ को
पेड़ कहना बेमानी लगता है—
और ज़ाहिर है कि लगता है उसने सोचा—
तो उसे ताज़ा बुरादे की ठंडी ख़ुशबू कहने में
कोई हर्ज नहीं।

यह पशुओं के बुख़ार का मौसम है
यानी पूरी ताक़त के साथ
ज़मीन को ज़मीन
और फावड़े को फावड़ा कहने का मौसम

जब जड़ें
बकरियों के थनों की
गरमाहट का इन्तज़ार करती हैं

शुरू में दुनिया
एक थन की तरह लगती होगी उसने सोचा
और उसने कहा कोई बात नहीं
वह आज भी एक जानवर की तरह ठोस
और ख़ूबसूरत दिखती है

उसने एक औरत के बारे में सोचा
उसने एक दरख़्त की पीठ थपथपाई
उसने महसूस किया उसे भी चरनी चाहिए घास
जैसे घोड़े चरते हैं
इसमें शर्म की कोई बात नहीं

ज़मीन अपने कपड़े उतार रही थी
हवा में एक अजीब-सी ठंड थी
जिसमें ज़मीन का कत्थईपन मिला हुआ था

ज़मीन पक रही है—उसने कहा
और उसे लगा यह एक ऐसी ख़बर है
जो खरहों की माँद तक पहुँचा देनी चाहिए

वह ग़ायब हो गया
अब उसे खोजना बेकार था
जब बेतार के तार उसे ज़मीन के अन्दर तलाश रहे थे

वह बस्ती के सिरे पर एक मटर के दाने के बाहर खड़ा था
और उससे सटी हुई मिट्टी अपने नाख़ूनों से खुरच रहा था

उसे बेहद हैरानी हुई जब उसने देखा
खरहों की माँद में ज़मीन नहीं है!

उसने तय किया वह एक दिन
एक चाक़ू लाएगा और ज़मीन को बीचोबीच
आलू की तरह चीर देगा

वह ज़मीन की महक दर्ज़ी तक ले जाएगा
और कहेगा—'सिलो'

वह उस औरत के पास जाएगा
और कहेगा—सब्ज़ी अगर नहीं पकती
तो कोई बात नहीं
ज़मीन पक रही है

उसके सामने घोड़े की पीठ की तरह
फैली हुई थी ज़मीन
ज़मीन सिर्फ़ ज़मीन की तरह लग रही थी

सिर्फ़ ज़मीन थी
और ज़मीन का पकना था
जैसे बस्ती में गोश्त पक रहा हो।

बिना नाम की नदी

मेरे गाँव को चीरती हुई
पहले आदमी से भी बहुत पहले से
चुपचाप बह रही है वह पतली-सी नदी
जिसका कोई नाम नहीं

तुमने कभी देखा है
कैसी लगती है बिना नाम की नदी?

कीचड़ सिवार और जलकुम्भियों से भरी
वह इसी तरह बह रही है पिछले कई सौ सालों से
एक नाम की तलाश में
मेरे गाँव की नदी

कहीं कोई मरता है
लोग उठाते हैं
और नदी जहाँ सबसे ज़्यादा चुप और अकेली होती है
उसी के आजू-बाज़ू फूँक आते हैं

जब मैं छोटा था तो अक्सर सोचता था
लोग जिसे फूँक आते हैं
उसका क्या करती है नदी!

सूरज निकलने के काफ़ी देर बाद
आती हैं भैंसें
नदी में नहाने के लिए

नदी कहीं गहरे में हिलती है पहली बार
फिर आते हैं झुम्मन मियाँ
हाथ में लिये हुए बंसी और चारा

नदी में पहली बार एक चमक आती है
जैसे नदी पहचान रही हो झुम्मन मियाँ को

फिर सूरज डूबने तक
वहीं के वहीं
बंसी लगाए हुए
एकटक बैठे रहते हैं झुम्मन मियाँ

दिन-भर में कितनी मछलियाँ
फँसती हैं उनकी बंसी में?
कितने झींगे कितने सिवार
पानी से कूदकर आ जाते हैं
उनके थैले के अन्दर
कोई नहीं जानता

नदी को कौन देता है नाम
तुमने कभी सोचा है?

क्या सुबह से शाम तक
नदी के किनारे
नदी के लिए किसी नाम की तलाश में
एकटक बैठे रहते हैं झुम्मन मियाँ?

जब वर्षा शुरू होती है

जब वर्षा शुरू होती है
कबूतर उड़ना बन्द कर देते हैं
गली कुछ दूर तक भागती हुई जाती है
और फिर लौट आती है

मवेशी भूल जाते हैं चरने की दिशा
और सिर्फ़ रक्षा करते हैं उस धीमी गुनगुनाहट की
जो पत्तियों से गिरती है
सिप् सिप् सिप् सिप्...

जब वर्षा शुरू होती है
एक बहुत पुरानी-सी खनिज-गन्ध
सार्वजनिक भवनों से निकलती है
और सारे शहर पर छा जाती है

जब वर्षा शुरू होती है
तब कहीं कुछ नहीं होता
सिवा वर्षा के

आदमी और पेड़
जहाँ पर खड़े थे वहीं पर खड़े रहते हैं
सिर्फ़ पृथ्वी घूम जाती है उस आशय की ओर
जिधर पानी के गिरने की क्रिया का रुख़ होता है।

बैल

मैं नहीं जानता अब भी उसकी ज़रूरत है
या नहीं
लेकिन वह लौट रहा है
डूबते हुए सूरज की तन्दूरी रोटी से
बेख़बर
सिर्फ़ हवा की नमी और घास का गट्ठर
अपनी पीठ पर लिये हुए

जैसे पत्थर का ढोंका
पहाड़ से लुढ़का दिया गया हो

वह चल रहा है
और सिर्फ़ एक पगडंडी उसे याद है
जो उसकी पूँछ की तरह
उसे हाँके लिये जा रही है

एक गन्ध आ रही है
और वह नहीं जानता कहाँ से

मगर गन्ध आ रही है
और ढोल बज रहा है

और जंगल में पेड़ काटे जा रहे हैं
और मेमने उसके खुरों को कुचल रहे हैं

वह ज़रा-सा हूँफता है
उसके कान खड़े हो जाते हैं
वह भूसे की ख़ुशबू है—वह अपने आपसे कहता है
और एक नई उम्मीद के साथ
अपने पूरे शरीर को
बस्ती की नींद और गरमाहट पर छोड़ देता है

जलती हुई आग
और ऊँघते हुए क़िस्सों के बीच
वह एक ऐसा जानवर है जो दिन-भर
भूसे के बारे में सोचता है
रात-भर
ईश्वर के बारे में

अगला दिन
एक बिलकुल नया दिन होता है
ताज़ा और ठंडा

अचानक उसे चरागाहों की याद आती है
वह पूँछ उठाता है
और बस्ती के इक्कीस चक्कर लगाने के बाद
पाता है—वह ठीक अपने हल के
सामने खड़ा है

उसे बेहद ख़ुशी होती है
वह पहली बार अपने माथे पर
अपने शानदार सींगों का होना
महसूस करता है

और दूनी ताक़त के साथ
जुए के नीचे
अपनी गर्दन रख देता है

सिर्फ़
उसके उठे हुए सींग
सिवानों में चमकते रहते हैं
सूर्यास्त तक।

बढ़ई और चिड़िया

वह लकड़ी चीर रहा था

कई रातों तक
जंगल की नमी में रहने के बाद उसने फ़ैसला किया था
और वह चीर रहा था

उसकी आरी कई बार लकड़ी की नींद
और जड़ों में भटक जाती थी
कई बार एक चिड़िया के खोंते से
टकरा जाती थी उसकी आरी

उसे लकड़ी में
गिलहरी की पूँछ की हरकत महसूस हो रही थी
एक गुर्राहट थी
एक बाघिन के बच्चे सो रहे थे लकड़ी के अन्दर
एक चिड़िया का दाना ग़ायब हो गया था

उसकी आरी हर बार
चिड़िया के दाने को
लकड़ी के कटते हुए रेशों से खींचकर
बाहर लाती थी

और दाना हर बार उसके दाँतों से छूटकर
ग़ायब हो जाता था

वह चीर रहा था
और दुनिया दोनों तरफ़
चिरे हुए पटरों की तरह गिरती जा रही थी

दाना
बाहर नहीं था
इसलिए लकड़ी के अन्दर ज़रूर कहीं होगा
यह चिड़िया का ख़याल था

वह चीर रहा था
और चिड़िया ख़ुद लकड़ी के अन्दर
कहीं थी
और चीख़ रही थी।

सूर्यास्त

मैंने देखा पानी
सुन्दर साफ़ चमकता हुआ पानी
मैंने देखा

और मैंने ख़ुद से कहा
पानी का अर्थ है बोलना
आदमी का खड़ा होना पानी का अर्थ है

सिर्फ़ पेड़ का हरा होना
पानी का अर्थ कदापि नहीं है

पक्षियों का एक झुंड मेरे ऊपर से उड़ा जा रहा था

मैंने कहा कल
कल यहीं पर मिलूँगा
अगर समय रहा
और मेरी खाल मेरे शरीर से इसी तरह चिपकी रही

यहीं पर मिलूँगा मैंने कहा
और मैंने सूरज को देखा

मैंने एक लम्बी और सफ़ेद दाढ़ी देखी
जिसे सूरज लगाए हुए था!

एक छोटा-सा अनुरोध

आज की शाम
जो बाज़ार जा रहे हैं
उनसे मेरा अनुरोध है
एक छोटा-सा अनुरोध
क्यों न ऐसा हो कि आज शाम
हम अपने थैले और डोलचियाँ
रख दें एक तरफ़
और सीधे धान की मंजरियों तक चलें

चावल ज़रूरी है
ज़रूरी है आटा दाल नमक पुदीना
पर क्यों न ऐसा हो कि आज शाम
हम सीधे वहीं पहुँचें
एकदम वहीं
जहाँ चावल
दाना बनने से पहले
सुगन्ध की पीड़ा से छटपटा रहा हो

उचित यही होगा
कि हम शुरू में ही
आमने-सामने

बिना दुभाषिये के
सीधे उस सुगन्ध से
बातचीत करें

यह रक्त के लिए अच्छा है
अच्छा है भूख के लिए
नींद के लिए

कैसा रहे
बाज़ार न आए बीच में
और हम एक बार
चुपके से मिल आएँ चावल से
मिल आएँ नमक से
पुदीने से
कैसा रहे
एक बार...सिर्फ़ एक बार...

फलों में स्वाद की तरह

जैसे आकाश में तारे
जल में जलकुम्भी
हवा में आक्सीजन

पृथ्वी पर उसी तरह
मैं
तुम
हवा
मृत्यु
सरसों के फूल

जैसे दियासलाई में काठी
घर में दरवाज़े
पीठ में फोड़ा
फलों में स्वाद

उसी तरह...
उसी तरह...

कुछ सूत्र जो एक किसान बाप ने बेटे को दिए

मेरे बेटे
कुएँ में कभी मत झाँकना
जाना
पर उस ओर कभी मत जाना
जिधर उड़े जा रहे हों
काले-काले कौए

हरा पत्ता
कभी मत तोड़ना
और अगर तोड़ना तो ऐसे
कि पेड़ को ज़रा भी
न हो पीड़ा

रात को रोटी जब भी तोड़ना
तो पहले सिर झुकाकर
गेहूँ के पौधे को याद कर लेना

अगर कभी लाल चींटियाँ
दिखाई पड़ें
तो समझना
आँधी आनेवाली है

अगर कई-कई रातों तक
कभी सुनाई न पड़े स्यारों की आवाज़
तो जान लेना
बुरे दिन आनेवाले हैं

मेरे बेटे
बिजली की तरह कभी मत गिरना
और कभी गिर भी पड़ो
तो दूब की तरह उठ पड़ने के लिए
हमेशा तैयार रहना

कभी अँधेरे में
अगर भूल जाना रास्ता
तो ध्रुवतारा पर नहीं
सिर्फ़ दूर से आनेवाली
कुत्तों के भूँकने की आवाज़ पर
भरोसा करना

मेरे बेटे
बुध को उत्तर कभी मत जाना
न इतवार को पच्छिम

और सबसे बड़ी बात मेरे बेटे
कि लिख चुकने के बाद
इन शब्दों को पोंछकर साफ़ कर देना

ताकि कल जब सूर्योदय हो
तो तुम्हारी पटिया

रोज़ की तरह
धुली हुई
स्वच्छ
चमकती रहे।

अकाल में दूब

भयानक सूखा है
पक्षी छोड़कर चले गए हैं
पेड़ों को
बिलों को छोड़कर चले गए हैं चींटे
चींटियाँ
देहरी और चौखट
पता नहीं कहाँ-किधर चले गए हैं
घरों को छोड़कर

भयानक सूखा है
मवेशी खड़े हैं
एक-दूसरे का मुँह ताक़ते हुए

कहते हैं पिता
ऐसा अकाल कभी नहीं देखा
ऐसा अकाल कि बस्ती में
दूब तक झुलस जाए
सुना नहीं कभी
दूब मगर मरती नहीं—
कहते हैं वे
और हो जाते हैं चुप

निकलता हूँ मैं
दूब की तलाश में
खोजता हूँ परती-पराठ
झाँकता हूँ कुँओं में
छान डालता हूँ गली-चौराहे
मिलती नहीं दूब
मुझे मिलते हैं मुँह बाए घड़े
बाल्टियाँ लोटे परात
झाँकता हूँ घड़ों में
लोगों की आँखों की कटोरियों में
झाँकता हूँ मैं
मिलती नहीं
मिलती नहीं दूब

अन्त में
सारी बस्ती छानकर
लौटता हूँ निराश
लाँघता हूँ कुएँ के पास की
सूखी नाली
कि अचानक मुझे दिख जाती है
शीशे के बिखरे हुए टुकड़ों के बीच
एक हरी पत्ती
दूब है
हाँ-हाँ दूब है—
पहचानता हूँ मैं

लौटकर यह ख़बर
देता हूँ पिता को

अँधेरे में भी
दमक उठता है उनका चेहरा
'है—अभी बहुत कुछ है
अगर बची है दूब...'
बुदबुदाते हैं वे

फिर गहरे विचार में
खो जाते हैं पिता!

अकाल में सारस

तीन बजे दिन में
आ गए वे
जब वे आए
किसी ने सोचा तक नहीं था
कि ऐसे भी आ सकते हैं सारस

एक के बाद एक
वे झुंड के झुंड
धीरे-धीरे आए
धीरे-धीरे वे छा गए
सारे आसमान में
धीरे-धीरे उनके क्रेंकार से भर गया
सारा का सारा शहर

वे देर तक करते रहे
शहर की परिक्रमा
देर तक छतों और बारजों पर
उनके डैनों से झरती रही
धान की सूखी
पत्तियों की गंध

अचानक
एक बुढ़िया ने उन्हें देखा
ज़रूर-ज़रूर
वे पानी की तलाश में आए हैं
उसने सोचा

वह रसोई में गई
और आँगन के बीचोबीच
लाकर रख दिया
एक जल—भरा कटोरा

लेकिन सारस
उसी तरह करते रहे
शहर की परिक्रमा
न तो उन्होंने बुढ़िया को देखा
न जल—भरे कटोरे को

सारसों को तो पता तक नहीं था
कि नीचे रहते हैं लोग
जो उन्हें कहते हैं सारस

पानी को खोजते
दूर-देसावर से आए थे वे

सो, उन्होंने गर्दन उठाई
एक बार पीछे की ओर देखा
न जाने क्या था उस निगाह में
दया कि घृणा

पर एक बार जाते-जाते
उन्होंने शहर की ओर मुड़कर
देखा ज़रूर

फिर हवा में
अपने डैने पीटते हुए
दूरियों में धीरे-धीरे
खो गए सारस।

ओ मेरी उदास पृथ्वी

घोड़े को चाहिए जई
फुलसुँघनी को फूल
टिटिहिरी को चमकता हुआ पानी
बिच्छू को विष
और मुझे?

गाय को चाहिए बछड़ा
बछड़े को दूध
दूध को कटोरा
कटोरे को चाँद
और मुझे?

मुखौटे को चेहरा
चेहरे को छिपने की जगह
आँखों को आँखें
हाथों को हाथ
और मुझे?

ओ मेरी घूमती हुई
उदास पृथ्वी
मुझे सिर्फ़ तुम...
तुम...तुम...

एक मुकुट की तरह

पृथ्वी के ललाट पर
एक मुकुट की तरह
उड़े जा रहे थे पक्षी

मैंने दूर से देखा
और मैं वहीं से चिल्लाया
बधाई हो
पृथ्वी, बधाई हो!

काली मिट्टी

काली मिट्टी काले घर
दिन-भर बैठे-ठाले घर

काली नदिया काला धन
सूख रहे हैं सारे बन

काला सूरज काले हाथ
झुके हुए हैं सारे साथ

काली बहसें काला न्याय
ख़ाली मेज़ पी रही चाय

काले अक्षर काली रात
कौन करे अब किससे बात

काली जनता काला क्रोध
काला-काला है युगबोध

नदी

अगर धीरे चलो
वह तुम्हें छू लेगी
दौड़ो तो छूट जाएगी नदी
अगर ले लो साथ
तो बीहड़ रास्तों में भी
वह चलती चली जाएगी
तुम्हारी उँगली पकड़कर
अगर छोड़ दो
तो वहीं अँधेरे में
करोड़ों तारों की आँख बचाकर
वह चुपके से रच लेगी
एक समूची दुनिया
एक छोटे-से
घोंघे में

सचाई यह है
कि तुम कहीं भी रहो
तुम्हें वर्ष के सबसे कठिन दिनों में भी
प्यार करती है एक नदी
नदी जो इस समय नहीं है हमारे आसपास
पर होगी ज़रूर कहीं-न-कहीं

किसी चटाई
या फूलदान के नीचे
चुपचाप बहती हुई

कभी सुनना
जब सारा शहर सो जाए
तो किवाड़ों पर कान लगा
धीरे-धीरे सुनना
कहीं आसपास
एक मादा घड़ियाल की कराह की तरह
सुनाई देगी नदी!

रास्ता

बगुले उड़े जा रहे थे
नीचे चल रहे थे हम तीन जन
तीन जन शहर से आए हुए
क्वार की तँबियाई धूप में
नहाए हुए तीन जन
चले जा रहे थे फैले कछार में
डूबते हुए दिन की पगडंडी पकड़कर
तीन जन ख़ुश
एक अजब विश्वास से भरे हुए तीन जन
कि हम जा रहे हैं ठीक
कि ज़रूर-ज़रूर
हम पहुँच ही जाएँगे
बगुलों की तरह अपने ठीक मुकाम पर
दिन डूबने से पहले

हम चले जा रहे थे चुप
किन्हीं बातों में खोए हुए
चले जा रहे थे हम
कि अचानक हमारे पाँव ज़रा ठिठके
कि अचानक हमने पाया—
रास्ता ख़त्म!

अब हमारे सामने
पके हुए ज्वार के
दूर तक फैले सिर्फ़ खेत ही खेत थे
और रास्ता नहीं था

क्या हुआ
किधर गया रास्ता
हम तीन जन सोचते रहे
खड़े
परेशान
कि हमें दूर दिखाई पड़ा
डूबते हुए सूरज के आसपास
एक बूढ़ा किसान
हम उसके पास गए
पूछा—'दादा, रास्ता किधर है?'

बूढ़ा कुछ नहीं बोला
वह देर तक हमें यों ही देखता रहा
फिर उसने नीचे से
एक ढेला उठाया
और उस तरफ़ फेंका
जिधर झुकी हुई चर रही थी
एक काली-सी गाय

अब गाय चलने लगी
पत्ते बजने लगे
और हमने देखा
जिधर ज्वार की लटकी हुई थैलियों को चीरती

चली जा रही थी गाय
उधर रास्ता था
उधर घास में
धँसे हुए खुर की तरह
चमक रहा था रास्ता

अब दृश्य बिलकुल साफ़ था
अब हमारे सामने
गाय थी
किसान था
रास्ता था
सिर्फ़ हमीं भूल गए थे
जाना किधर है!

बगुले
हमसे दूर
बहुत दूर निकल गए थे।

नये शहर में बरगद

जैसे मुझे जानता हो बरसों से
देखो, उस दढ़ियल बरगद को देखो
मुझे देखा
तो कैसे लपका चला आ रहा है
मेरी तरफ़

पर अफ़सोस
कि चाय के लिए
मैं उसे घर नहीं ले जा सकता।

भर जाएगा बहुत कुछ

लगता है
अबकी बौर नहीं आएँगे

समय से पहले ही
ताँबे के रंगवाले पत्तों से लद गया है
पूरा का पूरा
वह आम का पेड़

यह बौर के न आने के संकेत हैं

मैं उधर देखता हूँ
और हो जाता हूँ बेचैन
हालाँकि जानता हूँ
बौर अगर आ भी गए
तो बदलेगा कुछ नहीं

मेरा शहर
उसी तरह घिसटता रहेगा
एक भागती हुई बस के पीछे-पीछे

मेरी सड़क के किनारे
उसी तरह फुँकते रहेंगे
टूटी-फूटी ईंटों को जोड़कर
बनाए गए चूल्हे
बौर अगर आ भी गए

लेकिन तब
शायद भर जाएगा बहुत कुछ
तसले नहीं भरेंगे
कटोरे नहीं भरेंगे
लेकिन फिर भी
भर जाएगा
भर जाएगा बहुत कुछ
बौर अगर आ ही गए...!

एक लम्बे अन्तराल के बाद गंगा को देखकर

मैंने गंगा को देखा
एक लम्बे सफ़र के बाद
जब मेरी आँखें
कुछ भी देखने को तरस रही थीं
जब मेरे पास कोई काम नहीं था
मैंने गंगा को देखा
प्रचंड लू के थपेड़ों के बाद
जब एक शाम
मुझे साहस और ताज़गी की
बेहद ज़रूरत थी
मैंने गंगा को देखा एक रोहू मछली थी
डब-डब आँख में
जहाँ जीने की अपार तरलता थी
जहाँ एक बूढ़ा मल्लाह रेती पर खड़ा था
घर जाने को तैयार
मैंने गंगा को देखा

और मैंने देखा
बूढ़ा ख़ुश था
वर्ष के उन सबसे उदास दिनों में भी
मैं हैरान रह गया यह देखकर

कि गंगा के जल में कितनी लम्बी
और शानदार लगती है
एक बूढ़े आदमी के ख़ुश होने की परछाईं
अब बूढ़ा ज़रा हिला
उसने अपना जाल उठाया
कन्धे पर रखा
चलने से पहले एक बार फिर
गंगा की ओर देखा
और मुस्कराया
यह एक थके हुए बूढ़े मल्लाह की मुस्कान थी
जिसमें कोई पछतावा नहीं था
अगर थी तो एक सच्ची
और गहरी कृतज्ञता
बहते हुए चंचल जल के प्रति
मानों उसकी आँखें कहती हों—
'अब हो गई शाम
अच्छा भाई पानी
राम! राम!'

पर्वस्नान

रेत पर
एक लाश रखी थी
एक पके ख़रबूज़ की ख़ुशबू
फैली थी रेत पर

दिन सुन्दर था
लेकिन उससे भी सुन्दर था
गंगा का दूर तक फैला कछार
जहाँ जल और बालू का
एक मिला-जुला संगीत
हवा में बज रहा था

दौरी-दुकानें लगी थीं
और ऋतु का पहला नहान
चल रहा था
एक लाल क्रौंच
चोंच से खुजला रहा था
अपनी भूरी गर्दन
एक काली स्त्री
अर्घ्य देने के बाद अपने बाल सुखा रही थी
कोई एक दाढ़ीवाला

लगातार पढ़े जा रहा था जल के मंत्र
एक अन्धे की चादर पर
लोग फेंके जा रहे थे
तिल गुड़ और लावा
ऊपर कौए मँडरा रहे थे
और नीचे—
काँपते हुए जल में
अमरता की छपाछप होड़ मची थी

लाश टुकुर-टुकुर देख रही थी
जीवन का
एक अद्भुत उत्सव
मनाया जा रहा था
रेत पर

एक और अकाल

सभाकक्ष में
जगह नहीं थी
तो मैंने कहा कोई बात नहीं
सड़क तो है
चल तो सकता हूँ

सो, मैंने चलना शुरू किया
चलते-चलते एक दिन
अचानक मैंने पाया
मेरे पैरों के नीचे
अब नहीं है सड़क

तो मैंने कहा चलो ठीक है
न सही सड़क
मेरे शहर में एक गाती-गुनगुनाती हुई
नदी तो है

फिर एक दिन
बहुत दिनों बाद
मैंने सुबह-सुबह
जब खिड़की खोली

तो देखा—
तट उसी तरह पड़े हैं
और नदी ग़ायब!

यह मेरे लिए
अनभ्र बज्रपात था

पर मैंने ख़ुद को समझाया—
यार, दुखी क्यों होते हो
इतने कट गए
बाक़ी भी कट ही जाएँगे दिन
क्योंकि शहर में लोग तो हैं

फिर एक दिन
जब किसी तरह नहीं कटा दिन
तो मैं निकल पड़ा
लोगों की तलाश में

मैं एक-एक से मिला
मैंने एक-एक से बात की
मुझे आश्चर्य हुआ
लोगों को तो लोग
जानते तक नहीं थे!

पशुमेला

कातिक शाम—
ट्रक चले जा रहे हैं
ट्रकों में लदे हैं बैल
बिकने को जा रहे हैं
ददरी मेले में

दूर पंजाब से आ रहे हैं
लम्बे-गठे हुए
पुट्ठेदार बैल
बिकेंगे मेले में घोड़ों के मोल

कितना अद्भुत है
कि बैलों को
मेले की शाम ने
सुन्दर चमचमाते हुए घोड़ों में बदल दिया है

धूल में डूबा हुआ
भागा जा रहा है ट्रक
ट्रक को जल्दी है
मेले में पहुँचने की
ट्रक पर खड़े हैं बैल

थके हुए
ऊबे हुए
चुपचाप ताक़ते हुए

दूर पंजाब से आ रहे हैं
सिर्फ़ कभी-कभी
ट्रक के हिलने से
बज उठती है बैलों के
गले की घंटी
फिर एक बैल
चौंककर
देखता है दूसरे को
मानो पूछता हो—
'भैया, मेला अभी कितनी दूर है!'

कठिन शीत में

कठिन शीत में
निकला था घूमने
देखा—
रेती पर पड़े हैं
छोटे-छोटे भूरे सफ़ेद
कछुए के अंडे

कोई नहीं था
वहाँ दूर-दूर तक
कोई नहीं था
सिर्फ़ अंडे थे
और गीली-गीली-सी
रेती थी
जो अंडों को गोद में रखकर
इस तरह से रही थी
जैसे वे
उसी के अंडे हों

मैंने देखा
और देखता ही रह गया
उस अद्भुत दृश्य को

रेती पर घूमने
गया था ख़ाली
लौटा तो अब मैं
भरा-भरा था!

चिट्ठी

कल गाँव से
एक चिट्ठी आई
बहुत दिनों बाद

शायद नदी ने भेजी थी

न दिन
न तारीख़
न सिरनामा
बस ऊपर कोने में
एक बूँद की तरह
टँका था
छोटा-सा प्यारा-सा
गाँव का नाम—
'चकिया'

शहर के
उस सबसे व्यस्त चौराहे पर
सबसे छिपाकर
मैं देर तक पढ़ता रहा
उस ख़ाली-ख़ाली चिट्ठी को

और सारी चिट्ठी में
गूँजता रहा
चीख़ता रहा
बस एक ही शब्द
चकिया! चकिया!

मुझे याद आई
एक और भी चिट्ठी
जो बरसों पहले
मैंने दिल्ली में छोड़ी थी
पर आज तक
पहुँची नहीं चकिया!

चेहरा

यहाँ तक आते-आते
मैं बहुत कुछ भूल चुका हूँ
बहुत कुछ—
जिसे याद रखना बहुत ज़रूरी था

पर मेरे लिए यह बता पाना
बहुत मुश्किल है
कि इतने दिनों बाद भी
मुझे क्यों याद है
एक बूढ़े उदास गड़रिये का चेहरा
जिसे मैंने एक दिन नदी में
पड़ा हुआ देखा था
जहाँ उसकी भेड़ें पानी पी रही थीं

मैंने देखा
उस चेहरे की झुर्रियों में
अब भी जगह थी
जहाँ एक चिड़िया
घोंसला बना सकती थी

फिर भेड़ें रह गईं वहीं
और न जाने कैसे

दिनों को लाँघता-फलाँगता
मेरे संग-संग चला आया
पानी और कीचड़ समेत
वह ज़िन्दा चेहरा
जिससे इतने बरस बाद भी
मेरे अन्दर
बूँदें टपक रही हैं

अब क्या करूँ
इस चेहरे का
क्या यह सम्भव है कि जाऊँ
और फिर से छोड़ आऊँ
उसी नदी में
क्या टाँग दूँ दीवार पर
क्या है कोई खूँटी
जो सँभाल ले
एक ज़िन्दा चेहरे को!

टूटा हुआ ट्रक

मैं पिछली बरसात से उसे देख रहा हूँ
वह वहाँ उसी तरह खड़ा है
टूटा हुआ और हैरान
और अब उससे अँखुए फूट रहे हैं

मैं देख रहा हूँ
एक छोटी-सी लतर
स्टीयरिंग की ओर बढ़ी जा रही है
एक ज़रा-सी पत्ती
भोंपू के पास झुकी है
जैसे उसे बजाना चाहती हो
एक बहुत महीन और बेआवाज़-सी ठोंक-पीट
लगातार जारी है समूचे ट्रक में
कोई नट खोला जा रहा है
कोई तार कसा जा रहा है

टूटा हुआ ट्रक
पूरी तरह सौंप दिया गया है
घास के हाथों में
और घास परेशान है
पहिये बदलने के लिए

मेरे लिए यह सोचना कितना सुखद है
कि कल सुबह तक सब ठीक हो जाएगा
मैं उठूँगा
और अचानक सुनूँगा भोंपू की आवाज़
और घरघराता हुआ ट्रक चल देगा
तिनसुकिया या बोकाजान...

शाम हो रही है
टूटा हुआ ट्रक उसी तरह खड़ा है
और मुझे घूर रहा है

मैं सोचता हूँ
अगर इस समय वो वहाँ न होता
तो मेरे लिए कितना मुश्किल था पहचानना
कि यह मेरा शहर है
और ये मेरे लोग
और वो...वो
मेरा घर।

पानी में घिरे हुए लोग

पानी में घिरे हुए लोग
प्रार्थना नहीं करते
वे पूरे विश्वास से देखते हैं पानी को
और एक दिन
बिना किसी सूचना के
खच्चर बैल या भैंस की पीठ पर
घर-असबाब लादकर
चल देते हैं कहीं और

यह कितना अद्भुत है
कि बाढ़ चाहे जितनी भयानक हो
उन्हें पानी में थोड़ी-सी जगह ज़रूर मिल जाती है
थोड़ी-सी धूप
थोड़ा-सा आसमान

फिर वे गाड़ देते हैं खम्भे
तान देते हैं बोरे
उलझा देते हैं मूँज की रस्सियाँ और टाट

पानी में घिरे हुए लोग
अपने साथ ले आते हैं पुआल की गन्ध
वे ले आते हैं आम की गुठलियाँ
ख़ाली टिन
भुने हुए चने
वे ले आते हैं चिलम और आग

फिर बह जाते हैं उनके मवेशी
उनकी पूजा की घंटी बह जाती है
बह जाती है महावीर जी की आदमक़द मूर्ति
घरों की कच्ची दीवारें
दीवारों पर बने हुए हाथी-घोड़े
फूल-पत्ते
पाट-पटोरे
सब बह जाते हैं

मगर पानी में घिरे हुए लोग
शिकायत नहीं करते
वे हर क़ीमत पर अपनी चिलम के छेद में
कहीं-न-कहीं बचा रखते हैं
थोड़ी-सी आग

फिर डूब जाता है सूरज
कहीं से आती हैं
पानी पर तैरती हुई
लोगों के बोलने की तेज़ आवाज़ें
कहीं से उठता है धुआँ
पेड़ों पर मँडराता हुआ

और पानी में घिरे हुए लोग
हो जाते हैं बेचैन

वे जला देते हैं
एक टुटही लालटेन
टाँग देते हैं किसी ऊँचे बाँस पर
ताकि उनके होने की ख़बर
पानी के पार तक पहुँचती रहे

फिर उस मद्धिम रोशनी में
पानी की आँखों में
आँखें डाले हुए
वे रात-भर खड़े रहते हैं
पानी के सामने
पानी की तरफ़
पानी के ख़िलाफ़

सिर्फ़ उनके अन्दर
अरार की तरह
हर बार कुछ टूटता है
हर बार पानी में कुछ गिरता है
छपाक्...छपाक्...

पृथ्वी रहेगी

मुझे विश्वास है
यह पृथ्वी रहेगी
यदि और कहीं नहीं तो मेरी हड्डियों में
यह रहेगी जैसे पेड़ के तने में
रहती हैं दीमकें
जैसे दाने में रह लेता है घुन
यह रहेगी प्रलय के बाद भी मेरे अन्दर
यदि और कहीं नहीं तो मेरी ज़बान
और मेरी नश्वरता में
यह रहेगी

और एक सुबह मैं उठूँगा
मैं उठूँगा पृथ्वी समेत
जल और कच्छप समेत मैं उठूँगा
मैं उठूँगा और चल दूँगा उससे मिलने
जिससे वादा है
कि मिलूँगा।

आज की धूप में

क्या तुम विश्वास करोगे
कि आज की धूप में
अगली सदी के किसी शनिवार की गर्मी है

कि इस समय
तुम्हारे शहर के सारे पौधे
अपनी ख़ुराक ले रहे हैं
आठवीं सदी की मिट्टी में दबी
किसी हरी खाद से

कि अभी-अभी
तुम्हारे नल से
टपक रहा था जो पानी
वह अड़तीसवीं सदी के
किसी कुएँ से आ रहा था।

वापसी

आज उस पक्षी को फिर देखा
जिसे पिछले साल देखा था
लगभग इन्हीं दिनों
इसी शहर में

क्या नाम है उसका
खंजन
टिटिहिरी, नीलकंठ
मुझे कुछ भी याद नहीं
मैं कितनी आसानी से भूलता जा रहा हूँ
पक्षियों के नाम
मुझे सोचकर डर लगा

आख़िर क्या नाम है उसका
मैं खड़ा-खड़ा सोचता रहा
और सिर खुजलाता रहा
और यह मेरे शहर में
एक छोटे-से पक्षी के लौट आने का विस्फोट था
जो भरी सड़क पर
मुझे देर तक हिलाता रहा।

झरबेर

प्रचंड धूप में
इतने दिनों बाद
(कितने दिनों बाद?)
मैंने ट्रेन की खिड़की से देखे
कँटीली झाड़ियों पर
पीले-पीले फल

'झरबेर हैं'—मैंने अपनी स्मृति को कुरेदा
और कहीं गहरे
एक बहुत पुराने काँटे ने
फिर मुझे छेदा।

पानी एक रोशनी है

इन्तज़ार मत करो
जो कहना हो कह डालो
क्योंकि हो सकता है फिर कहने का
कोई अर्थ न रह जाए

सोचो
जहाँ खड़े हो, वहीं से सोचो
चाहे राख से ही शुरू करो
मगर सोचो

उस जगह की तलाश व्यर्थ है
जहाँ पहुँचकर यह दुनिया
एक पोस्ते के फूल में बदल जाती है

नदी सो रही है
उसे सोने दो
उसके सोने से
दुनिया के होने का अन्दाज़ मिलता है
पूछो
चाहे जितनी बार पूछना पड़े
चाहे पूछने में जितनी तकलीफ़ हो

मगर पूछो
पूछो कि गाड़ी अभी कितनी लेट है

अँधेरा बज रहा है
अपनी कविता की किताब रख दो एक तरफ़
और सुनो-सुनो
अँधेरे में चल रहे हैं
लाखों-करोड़ों पैर

पानी एक रोशनी है
अँधेरे में यही एक बात है
जो तुम पूरे विश्वास से
कह सकते हो दूसरे से।

सम्पादक के नाम पत्र

प्रिय सम्पादक जी
आपने कविता माँगी है
और मेरे शहर में पिछले कई दिनों से गिर रहा है पानी
मूसलाधार पानी
मैं चाहता हूँ कविता से पहले
यह ख़बर आप तक पहुँचे

अब कल ही की बात है
मैं बाहर निकला और समूचा भीग गया
किसी और को बुख़ार था
कोई और खाँसता रहा सारी रात
मेरे आसपास
मेरी छाती में

और पानी अब भी गिर रहा है
एक कौआ इतना ख़ुश है
कि अपने डैनों से बार-बार
पानी को फेंक रहा ऊपर
यह एक रोमांचकारी दृश्य है—सम्पादक जी।
बारिश किसी चोर दरवाज़े से

घुस आई है मेरे घर के अन्दर
पानी ने सारे घर में
बना लिए हैं घोंसले
पानी एक तिलिस्म है सम्पादक जी
क्या मैं इस तिलिस्म को तोड़ सकता हूँ!
क्या मैं ठीक इसी समय
बारिश की ऐसी-तैसी करता हुआ
जा सकता हूँ बाहर!
और लौटकर फिर वहीं आ सकता हूँ
जहाँ से मैंने पहले-पहल देखी थी बारिश!

तीन बजे हैं
पानी अब भी गिर रहा है
मुझे देर हो रही है सम्पादक जी
मुझे अपनी बच्ची के लिए दवा लानी है

अगर मैं नमक का ढेला होता
बारिश को देखता रहता
अपने अन्दर अपने बाहर

पर यह मुमकिन नहीं है सम्पादक जी
मुझे बाज़ार जाना है
और दवा लानी है

बारिश किसकी ज़िम्मेवारी है
मुझे नहीं मालूम
पर मैं चाहता हूँ आज की तारीख़ में

यह दर्ज किया जाए
कि मैंने अभी-अभी
अपने दरवाज़े पर रेंगता हुआ
एक ज़िन्दा और लाल केंचुआ देखा।

शीतलहरी में एक बूढ़े आदमी की प्रार्थना

ईश्वर
इस भयानक ठंड में
जहाँ पेड़ के पत्ते तक ठिठुर रहे हैं
मुझे कहाँ मिलेगा वह कोयला
जिस पर इन्सानियत का ख़ून गरमाया जाता है
एक ज़िन्दा
लाल
दहकता हुआ कोयला
मेरी अँगीठी के लिए बेहद ज़रूरी
और हमदर्द कोयला
मुझे कहाँ मिलेगा इस ठंड से अकड़े हुए शहर में
जहाँ वह हमेशा छिपाकर रखा जाता है
घर के पिछवाड़े
या ग़ुसलख़ाने की बग़ल में
हथेलियों की रगड़ में दबा रहता है जो
जो इरादों में होता है
जो यकायक सुलग उठता है याददाश्त की हदों पर
पस्ती के दिनों में
मुझे कहाँ मिलेगा वह कोयला
मेरे ईश्वर!
मुझे क्या करना चाहिए इस दिन का

जिसमें कोयला नहीं है
मुझे क्या करना चाहिए इस ठंड का
जो बराबर बढ़ती जा रही है
क्या मैं भी इन्तज़ार करूँ
जैसे सब कर रहे हैं
क्या मैं उठूँ और अपने-आपको बदल लूँ
एक कोयला झोंकनेवाले बेलचे में
क्या मैं बाज़ार जाऊँ
और अपनी आत्मा के लिए ख़रीद लूँ
एक अच्छा-सा कनटोप?

मेरे ईश्वर!
क्या मेरे लिए इतना भी नहीं कर सकते
कि इस ठंड से अकड़े हुए शहर को बदल दो
एक जलती हुई बोरसी में!

सुबह हो रही है, मैंने हवा से कहा

सुबह हो रही है, मैंने हवा से कहा
और मैंने सुना रोशनी मेरे छज्जे पर
पानी की तरह बज रही थी

सुबह-सुबह मैंने एक बूढ़े आदमी को
हँसते हुए देखा
और मैंने कहा
हँसों और ज़िन्दा रहो

मैंने अख़बार वाले से कहा
अख़बार ज़रूरी है
पर उससे भी ज़्यादा ज़रूरी है वह काली कुतिया
जो वहाँ धूप में
अपने तीन बच्चों को दूध पिला रही है

मैंने दूध वाले से कहा
दूध को बचाओ
क्योंकि हो सकता है अगला महायुद्ध
उसी के लिए लड़ा जाए
मैंने कुम्हार से कहा
चाक को नहीं

अपने घड़े को देखो
और देखो-देखो वह किस तरह
तुम्हारे हाथ की लकीरों में ढलता जा रहा है

'नमस्कार' मैंने उस आदमी से कहा
जो मेरी बग़ल से जा रहा था
'नमस्कार' उसने कहा
और भीड़ में ग़ायब हो गया

इस तरह मैंने सबसे
सबकुछ कहा
सिर्फ़ नहीं कह सका
उसी से वह
जो मुझे कहना था
सिर्फ़ उसी से।

नदियाँ

वे हमें जानती हैं
जैसे जानती हैं वे अपनी मछलियों की बेचैनी
अपने तटों का तापमान
जो कि हमीं हैं

बस हमीं भूल गए हैं
हमारे घर कभी उनका भी
आना-जाना था

उनकी नसों में बहता है
पहाड़ों का ख़ून
जिसमें थोड़ा-सा ख़ून
हमारा भी शामिल है
और गरम-गरम दूध
टपकता हुआ भूरे दरख़्तों की छाल से

पता लगा लो
दरख़्तों की छाल
और हमारी त्वचा का गोत्र
एक ही है

परछाइयाँ भी असल में
नदियाँ ही हैं
हमीं से फूटकर
हमारी बग़ल में चुपचाप बहती हुई नदियाँ
हर आदमी अपनी परछाईं में
नहाता है
और लगता है
नदी में नहा रहा है

जो लगता है वह भी
उतना ही सच है
जितना कोई भी नदी

पुल—
पृथ्वी के सारे के सारे पुल
एक गहरा षड्यंत्र हैं नदियों के ख़िलाफ़
और नदियाँ उन्हें इस तरह बर्दाश्त करती हैं
जैसे क़ैदी ज़ंजीरों को
हालाँकि नदियाँ इसीलिए नदियाँ हैं
कि वे जब भी चाहती हैं
उलट-पुलट देती हैं सारा कैलेंडर
और दिशाओं के नाम

हमारे देश में नदियाँ
जब कुछ नहीं करतीं
तब वे शवों का इन्तज़ार करती हैं

अँधेरे को चीरते हुए
आते हैं शव

वे आते हैं अपनी चुप्पियों की चोट से
जीने की धार को
तीव्रतर करते हुए

नदियाँ उन्हें देखती हैं
और जैसे चली जाती हैं कहीं अपने ही अन्दर
किन्हीं जलमग्न शहरों की
गन्ध की तलाश में

नदियाँ जो कि असल में
शहरों का आरम्भ हैं
और शहर जो कि असल में
नदियों का अन्त

मुझे याद नहीं
मैंने भूगोल की किस किताब में पढ़ा था
अन्त और आरम्भ
अपने विरोध की सारी ऊष्मा के साथ
जिस जगह मिलते हैं
कहीं वहीं से निकलती हैं
सारी की सारी नदियाँ।

कुएँ

कुएँ क्या हुए?
उस बस्ती में जहाँ कुओं को लेकर
एक भयानक चुप्पी थी
मैंने लोगों से पूछा

कुओं को ढँक लिया है घास ने—
किसी एक ने उत्तर दिया

जिसने उत्तर दिया उसका चेहरा
लगभग अदृश्य था

क्यों, कुओं ने क्या बिगाड़ा घास का?
मैंने पूछा

बिगाड़ा कुछ नहीं,
बस घास का फ़ैसला
कि अब कुएँ नहीं रहेंगे

हद है, अगर कुएँ नहीं रहेंगे
तो पानी कहाँ पिएँगे लोग?
मैंने झल्लाकर पूछा

लोगों का क्या
कहते हैं उन्हें पता चल गया है
किसी जादुई सोते का—
उसी आवाज़ ने फिर हस्तक्षेप किया

फिर क्या करें कुओं का?
क्या उन्हें क्रेन से उठाएँ
और रख आएँ संग्रहालय में
मैंने धीरे से पूछा

नहीं, नहीं...अबकी लोग चिल्लाए
छोड़ दो कुओं को
जहाँ वे हैं जैसे वे हैं
गिरने दो
अपने-आप अतल में
गिर जाने दो कुओं को

लोगों की आवाज़ में
निर्जल कुओं की ठंडी गूँज थी।

मधुमक्खियों का हमला

आज सारी दोपहर
मधुमक्खियों ने बड़ा उत्पात किया शहर में
वे लगाती रहीं नारे
पेड़ों और घरों के चारों ओर घूम-घूम
खोल दो...खोल दो
चिल्लाती रहीं वे
आला वज़ीर के फाटक के सामने

एक बड़े मुच्छैल
पुलिस वाले की नाक पर
देर तक बैठी रही एक सुनहली मधुमक्खी
फिर झुंड की झुंड सबने पीछा किया
देर तक
दूर तक
एक भागती हुई कार का

मधुमक्खियों की माँग थी
जगह दो...हमें जगह दो
चाहे बूँद-भर ही दो
चाहे डंक-भर ही दो

पर जगह दो
हमें जगह दो

उन्हें याद थे
उन सारे घरों के पते
जो पिछली बरसात में ढह चुके थे
या अबकी बसन्त में
ढह सकते थे

वे सबके नाम पर
हवा में चुआती रहीं
बूँद-बूँद शहद

फिर सारी मधुमक्खियों ने मिलकर
एक बहुत बड़ी ऊँची इमारत के सामने
सीमेंट और लोहे के
अजब उदास से गाने गाए देर तक
जिनसे मुहल्ले की नींद
हफ़्तों के लिए उचाट हो गई।

रोहतांग दर्रे में एक बर्फ़ीली चट्टान के सामने रुककर

नहीं, वह हमला नहीं करेगी
उसकी पानीदार आँखें सिर्फ़ तुम्हें देखेंगी
और देखती रह जाएँगी

उसके नथुने
तुम्हारे ललाट और कन्धों को
सूँघने की कोशिश करेंगे

उसकी मुट्ठियाँ
खुलने के लिए ज़रा छटपटाएँगी
तुम्हें देखकर

ज़्यादा-से-ज़्यादा इतना ही होगा
कि उसका विशाल आकार
अपने ढाँचे से निकलकर
उड़ने के लिए ज़रा पंख फड़फड़ाएगा
और तुम्हारे कन्धों पर
गिर पड़ेगा

नहीं, तुम्हारे कन्धों का
कुछ नहीं होगा
वहाँ वह खुजली उसी तरह होती रहेगी
जैसे वह हो रही थी पहले

सचाई यह है
कि जैसे तुमने बदले हैं शहर
उसने भी बदले हैं
सूरज के साथ अपने रिश्ते
और कोण

जैसे तुम्हारे नाख़ून
भूल गए हैं अपने बहुत-से फ़ैसले बहुत-से काम
उसे भी याद नहीं
उसे क्यों वहाँ उस तरह बैठा दिया गया है
जैसे बैठी है वह

उसे देखो
उसे छुओ
उसका सामना करो

इस ख़त्म होती हुई सदी के छोर पर
अपनी जगह पर टिकी वह अकेली चीज़ है
जो तुम्हें अब भी आश्वस्त करेगी
नदियों के जल
और स्त्रियों की प्रजनन-शक्ति के बारे में।

शब्द पर दस्तक

चीं...चीं...चाँय...चाँय करती
वह काली-सी चिड़िया
जो अभी कुछ देर पहले तक
मेरी खिड़की की सलाख़ों से चोंच लड़ा रही थी
देखता हूँ कि न जाने कब
और न जाने कैसे
उड़कर पहुँच गई है
मेरे शब्दकोश के पास

और अब वह
उसके बाहर खड़ी है
और अपनी चोंच से
लगातार पन्नों पर दे रही है दस्तक
और मैं सुन रहा हूँ
कि 'जगह नहीं है...जगह नहीं है'
चिल्ला रहे हैं वे शब्द
जो शब्दकोश के अन्दर हैं

देखें—हाँ देखें
जो देख सकते हों

सुबह-सुबह
एक निरर्थक आवाज़ ने
अर्थ की दुनिया में
कैसा हड़कम्प मचा रखा है।

जड़ें

जड़ें चमक रही हैं
ढेले ख़ुश
घास को पता है
चींटियों के प्रजनन का समय
क़रीब आ रहा है

दिन-भर की तपिश के बाद
ताज़ा पिसा हुआ गरम-गरम आटा
एक बूढ़े आदमी के कन्धे पर बैठकर
लौट रहा है घर

मटमैलापन अब भी
जूझ रहा है
कि पृथ्वी के विनाश की ख़बरों के ख़िलाफ़
अपने होने की सारी ताक़त के साथ
सटा रहे पृथ्वी से।

ठंड में ग़ौरैया

ठंड पर लिखी जानेवाली इस कविता में
यह ग़ौरैया कहाँ से आ गई सबसे पहले?

भला वह क्यों नहीं
जो चला जा रहा है सड़क पर
अपने कोट का कॉलर ठीक करता हुआ?
क्यों नहीं वह स्त्री
जो तार पर जल्दी-जल्दी फैला रही है
अपने स्वेटर?
वह धुनिया क्यों नहीं
जो चला जा रहा है गली में रुई के रेशों को
आवाज़ देता हुआ?

क्यों आख़िर क्यों
कविता के शुरू में वही ग़ौरैया
छज्जे पर बैठी हुई
जिसे बरसों पहले मैंने कहाँ देखा था
याद नहीं

मौसम की पहली सिहरन!
और देखता हूँ

अस्त-व्यस्त हो गया है सारा शहर
और सिर्फ़ वह ग़ौरैया है जो मेरी भाषा की स्मृति में
वहाँ ठीक उसी तरह बैठी है
और ख़ूब चहचहा रही है
वह चहचहा रही है
क्योंकि वह ठंड को जानती है
जैसे जानती है वह
अपनी गर्दन के पास भूरे-भूरे रोओं को
वह जानती है कि वह जिस तरफ़ जाएगी
उसी तरफ़ उड़कर चली जाएगी ठंड भी
क्योंकि ठंड और ग़ौरैया दोनों का
बहुत कुछ है
बहुत कुछ साझा और बेहद मूल्यवान
जो इस समय लगा है
दाँव पर... ...

पानी की प्रार्थना

प्रभु,
मैं—पानी—पृथ्वी का
प्राचीनतम नागरिक
आपसे कुछ कहने की अनुमति चाहता हूँ
यदि समय हो तो पिछले एक दिन का
हिसाब दूँ आपको

अब देखिए न
इतने दिनों बाद कल मेरे तट पर
एक चील आई
प्रभु, कितनी कम चीलें
दिखती हैं आजकल
आपको तो पता होगा
कहाँ गईं वे!
पर जैसे भी हो
कल एक वो आई
और बैठ गई मेरे बाज़ू में
पहले चौंककर उसने इधर-उधर देखा
फिर अपनी लम्बी चोंच गड़ा दी मेरे सीने में
और यह मुझे अच्छा लगता रहा प्रभु

लगता रहा जैसे घूँट-घूँट
मेरा जन्मान्तर हो रहा है एक चील के कंठ में
कंठ से रक्त में
रक्त से फिर एक नई चील में!
फिर काफ़ी समय बाद
दिन के कोई तीसरे पहर
एक जानवर आया हकासा-पियासा
और मुझे पीने लगा चभर-चभर
इस अशिष्ट आवाज़ के लिए
क्षमा करें प्रभु,
यह एक पशु के आनन्द की आवाज़ थी
जिससे बेहतर कुछ नहीं था उसके जबड़ों के पास

इस बीच बहुत-से चिरई-चुरुंग
मानुष-अमानुष
सब गुज़रते रहे मेरे पास से होकर
बल्कि एक बार तो ऐसा लगा
कि सूरज के सातों घोड़े उतर आए हैं—
मेरे क़रीब—प्यास से बेहाल
पर असल में जो आया
वह एक चरवाहा था
अब कैसे बताऊँ प्रभु—क्योंकि आपको तो
प्यास कभी लगती नहीं—
कि वह कितना प्यासा था
फिर ऐसा हुआ कि उसने हड़बड़ी में
मुझे चुल्लू-भर उठाया
और क्या जाने क्या

उसे दिख गया मेरे भीतर
कि हिल उठा वह
और पूरा का पूरा मैं गिर पड़ा नीचे
शर्मिन्दा हूँ प्रभु,
और इस घटना पर हिल रहा हूँ अब तक
पर कोई करे भी तो क्या
समय ही कुछ ऐसा है
कि पानी नदी में हो
या किसी चेहरे पर
झाँककर देखो तो तल में कचरा
कहीं दिख ही जाता है!

अन्त में प्रभु,
अन्तिम लेकिन सबसे ज़रूरी बात
वहाँ होंगे मेरे भाई-बन्धु
मंगल ग्रह या चाँद पर
पर यहाँ पृथ्वी पर मैं
यानी आपका मुँहलगा यह पानी
अब दुर्लभ होने के कगार तक
पहुँच चुका है

पर चिन्ता की कोई बात नहीं
यह बाज़ारों का समय है
और वहाँ किसी रहस्यमय स्रोत से
मैं हमेशा मौजूद हूँ

पर अपराध क्षमा हो प्रभु,
और यदि मैं झूठ बोलूँ
तो जलकर हो जाऊँ राख
कहते हैं इसमें—
आपकी भी सहमति है!

घोंसलों का इतिहास

मैं उसे एक पेड़ के नीचे से
उठाकर लाया था
जहाँ गिरा पड़ा था वह
मैंने अन्दर छुआ
वह अब भी गरम था
शायद वह माँ की कोठरी थी
जो कि शुरू में ही थी
जहाँ पाँच-सात रोएँ अब भी चिपके थे
शायद कोई शिशु डैना अभी-अभी गया था उड़कर

अब एकदम ख़ाली
और अपने में सम्पूर्ण एक घर था वह
आदमी के घर का एक भूला हुआ पूर्वज
एक अद्‌भुत नमूना
किसी पक्षी की वास्तुकला का

सोचने लगा मैं
क्या मिलता है किसी पुस्तकालय में
घोंसलों का इतिहास?
कब
कहाँ

कौन-सा पक्षी था वह
जिसने नींव में रखा था पहला तिनका?

कौआ वह हो नहीं सकता
वह तो शुरू से ही घोंसला-विरोधी है
और तोता?
उसे तो शायद उसकी उड़ान के पहले दिन ही
डाल दिया गया था किसी राजा के पिंजड़े में
रहा कठफोड़वा
पर वह तो सीधे पेड़ के सीने में
सेंध लगाता है
और वहाँ भी रह लेता है ठाट से
हाँ—बया पर बात कुछ टिकती ज़रूर है
पक्षियों की दुनिया में ताजमहल बनाने की दुर्लभ तकनीक
सिर्फ़ उसी के पास है
पर जो भी हो
सच यही है कि बाज़ार में मिलते नहीं घोंसले
वहाँ सिर्फ़ पिंजड़े मिलते हैं
इसलिए टूट जाने के बाद उन्हें हर बार बनाना पड़ता है नए सिरे से
उतने ही धीरज
और शायद उससे भी ज़्यादा जोखिम के साथ

मैंने कोशिश बहुत की
पर अन्तत: पाया कि पहली चोंच
और पहले तिनके की उस पहली भेंट तक
कोई रास्ता नहीं जाता
किसी पुरातत्त्ववेत्ता ने देखा ही नहीं
कभी उस तरफ़ मुड़कर

पर सोचता हूँ क्या राष्ट्रों के इतिहास की तरह
अलग-अलग होता है घोंसलों का इतिहास भी?
कितना अलग होता है एक नाइजीरियाई
बगुले का खोंता
भारत के बगुले से?
ईरानी अबाबीलें
जब किसी घोंसले के बन जाने का
मनाती हैं जश्न
तो क्या पहुँचता नहीं न्योता
मंगोल अबाबीलों को?

घोंसलों का इतिहास
एक गहरे शोध और अध्ययन का विषय है
पर मुझे डर है कि रख दो कोर्स में
तो दुनिया के सारे घोंसले
भहराकर गिर पड़ेंगे!

इसलिए अच्छा यही होगा
कि घोंसलों को छोड़ दिया जाए पेड़ पर ही
जहाँ अपनी छोटी-सी गरिमा में
झूलते रहें वे
इतिहास के दूसरी तरफ़!

पूस की रात : पुनश्च

पिछली रात की भयानक ठंड में
मुझे अचानक याद आया
वह छोटा-सा अलाव प्रेमचन्द की कहानी
'पूस की रात' का

मेरी जानकारी में
वह पृथ्वी पर पहली आग थी
जो आदमी और कुत्ते ने
मिलकर जलाई थी

सोचने लगा मैं
जब हलकू गया था
बगीचे से सूखी पत्तियाँ बटोरने
तो क्या कर रहा था कुत्ता?
मुझे लगा वह भी चला गया होगा
नीलगायों के पीछे-पीछे दूर तक
इस हल्की-सी उम्मीद में
कि शायद कुछ मिल जाए
जलाने के लायक़

पर कुत्ता ही तो ठहरा
यह देखकर कि क्या है दुनिया में

जो नहीं है जलाने के लायक़
वह दौड़ता हुआ चला आया होगा
अपनी नवीनतम खोज की अनिर्वच ख़ुशी में
मुँह में दबाए हुए
जूते का कोई तल्ला

आग जलाने की
अपनी इस छोटी-सी कोशिश में
कुत्ता उस समय
हलकू को लगा होगा ब्रह्म की तरह विराट

फिर दोनों अपनी-अपनी साँस की
साझी कोशिश से
जुट गए होंगे आग जलाने के जुगाड़ में
और जब आग से उठी होगी
पहली लपट
और हलकू ने कुत्ते के सामने रखी होगी
उसे फलाँगने की चुनौती
तो कहानी चाहे जो कहती हो
कुत्ता ज़रूर गुर्राया होगा हलकू की ओर देखकर
मानो यह कहने की कोशिश में
कि मेरे मालिक
मेरे आका
यह तो सरासर जुल्म है!

पर ठीक उसी समय
कुत्ते को हलकू पर आया होगा
सबसे अधिक प्यार

और वह दौड़ने से पहले ही
हो गया होगा परास्त

खेल में परास्त होना
आदमी से अधिक जानता है कुत्ता
सो उसने अदबदाकर रख दिए होंगे अपने कीचड़-सने पंजे
हलकू के कन्धों पर
और कहीं अपने ही भीतर
फिर से हो गया होगा थोड़ा और परास्त

उस समय कुत्ते का वह स्पर्श
आदमी को लगा होगा आत्मा तक धँसता हुआ
गहन
पवित्र
और वह कुत्ते की आँखों में झाँककर
हो गया होगा मालामाल

फिर दोनों
अलाव की बची हुई राख के किनारे
एक-दूसरे की देह की धीमी-धीमी आँच को
तापते-तापते हो गए होंगे निढाल
और सो गए होंगे धीरे-धीरे

नीलगायों ने ठीक इसी समय
दोबारा प्रवेश किया होगा कहानी में
और चर गई होंगी हलकू का
सारा खेत

फिर अपने अपराध की सरलता में
जाकर खड़ी हो गई होंगी
किसी बबूल के नीचे
जुगाली करती हुई
मानो प्रार्थना करती हुई
कि हे ईश्वर हमें क्षमा करना
हम नहीं जानते
कि हमने क्या किया है

तो पाठकगण, इस तरह ख़त्म हुई
बीसवीं शताब्दी के
एक पूस के महीने की
वह लम्बी-अथाह महाभारत जैसी रात
और जब सुबह हुई
तो गाँववालों ने देखा
कोहरे से निकलकर एक पतली-सी पगडंडी पर
युधिष्ठिर और उनका कुत्ता
दोनों हिमालय से वापस आ रहे हैं

बर्फ़ ने
उन्हें गलाने से इनकार कर दिया था।

रात की आवाज़ें

वे पहले गलियों से आती हैं
और स्यारों की माँद से भी
फिर रात-भर झरती रहती हैं वे
तारों की टिमटिमाहट
और बकाइन की पत्तियों से
कई बार घरों की नींव
और ओसारों के छज्जों से भी
आती हैं वे
चाँद पर लुढ़के हुए पत्थर
संदेशा भेजते हैं
अरावली के भूरे-उदास पत्थरों को
और उत्तरी ध्रुव के कोहरे में फँसा कोई पक्षी
भेजता है अपनी फरफराहट
मेरे शहर के सबसे बदरंग कौए को

अपना आक्सीजन माँगते हैं
अन्तरिक्ष यात्री जो लौटे नहीं पृथ्वी पर
मृतक निकलते हैं दूहों से
और माँगते हैं हमसे अपनी सिगरेट की डिब्बी
अपनी दवा की टिकिया
यहाँ तक कि मरे हुए दाने भी

निकल आते हैं खेतों से
और लोगों से माँगते हैं अपना पानी
अपनी खाद

कभी रात के तीसरे पहर
जागकर तो देखो
कभी सुनो तो किसी ढेले पर कान लगाकर
किस तरह कीड़ों-मकोड़ों के गुप्त टेलीप्रिंटर पर
रात-भर छपती हैं
वे सारी ख़बरें
जिन्हें दुनिया का कोई अख़बार
नहीं छापता।

चींटियों की रुलाई

सुनो—इस शहर को यहाँ से उठाओ
और रख दो मेरे कन्धे पर
मैं इसे कहीं ले जाना चाहता हूँ
मैं ले जाना चाहता हूँ इस शहर को
इस शहर से दूर
जैसे ग़ौरैया ले जाती है अपना मटर का दाना

सुनो, आज सुबह उठा तो आसमान मेरी खिड़की से इस तरह दिखा
जैसे कोई तौलिया सूख रहा हो
कौए की आवाज़ ऐसी सुनाई पड़ी
जैसे वह भोंपू की आवाज़ हो
एक जाता हुआ वायुयान ऐसा लगा
जैसे वह आता हुआ वायुयान हो
मेरी तरफ़!

सुनो, लगता है यह शहर अपनी जगह से खिसककर
किसी ग़लत अक्षांश पर आ गया है
कि अपनी धुरी से
उतर गए हैं इसके चक्के
और इस इतने बड़े शहर में अब इतनी भी जगह नहीं

कि एक गर्भवती चींटी
कहीं रख दे अपना अंडा

सुनो, देर बहुत हो चुकी है
बस ज़रा हाथ बढ़ाओ
और इस शहर को इसकी नींव की सारी
ऊष्मा समेत
यहाँ से उठाओ
और रख दो मेरे कन्धे पर
मैं इसे ले जाना चाहता हूँ किसी मेकैनिक के पास
और वह अगर न मिले तो किसी बूढ़े ख़ब्ती के पास ही
ले जाना चाहता हूँ इसे
सुनो, मुझे ख़ब्ती
बड़े काम के लगते हैं इन दिनों

नहीं—मुझे कोई भ्रम नहीं
कि मैं इसे ढोकर पहुँचा दूँगा कहीं और
या अपने किसी करिश्मे से
बचा लूँगा इस शहर को
मैं तो बस इसके कौओं को
उनका उच्चारण
इसके पानी को
उसका पानीपन
इसकी त्वचा को
उसका स्पर्श लौटाना चाहता हूँ

मैं तो बस इस शहर की
लाखोंलाख चींटियों की मूक रुलाई का
हिन्दी में अनुवाद करना चाहता हूँ

सुनो, क्या तुम सुन रहे हो उसे?

पानी बेचनेवाले की गुहार

ईश्वर आया है!
सुनो मेरे छोटे-से शहर के
महान नागरिकों
वह खड़ा है तुम्हारे शहर के द्वार पर
एक लम्बे दुर्भिक्ष के बाद की बुझती हुई रोशनी में

उसे गुड़ दो
पानी दो
उसका स्वागत करो लोगो

अधिक नहीं
उसे चाहिए बस रात-भर ठहरने की जगह
क्योंकि वह ईश्वर है
और ईश्वर किसी भी आदमी के उठने से पहले
चला जाता है उठकर
मैंने उसे देखा है लोगो
विश्वास करो
मैंने उसे अभी-अभी और इन्हीं आँखों से
देखा है
हाँ-हाँ पहचान लिया है मैंने उसे

क्योंकि उसके जूतों पर पड़ी थी
हज़ारों मील पैदल चलने की धूल

और धूल
कभी झूठ नहीं बोलती लोगो!

जल्दी करो...जल्दी करो
खोल दो दरवाज़े
उसे आने दो अन्दर
ले आओ कोई मोढ़ा
ले आओ कोई कुर्सी
वह थक गया है बुरी तरह
थक गए हैं उसके घुटने
उसका वक्ष
उसकी दाढ़ी
उसका ललाट
उसका पूरा वजूद थक गया है लोगो

पर अरे, ये बत्तियाँ क्यों बुझने लगीं
सारे घरों की?
यह सारा शहर चुप क्यों है?
ये उदास क्यों पड़े हैं मन्दिर के घंटे?

मेरे लोगो
ज़रा मेरी काँवर को तो देखो
जिसके दोनों ओर फूल रहे हैं दो कनस्तर
बिना पानी के
क्या मुझे ईश्वर का स्वागत करना होगा ख़ाली कनस्तरों से

क्या करूँ मैं?
क्या करना चाहिए उसे
जिसने देख लिया हो ईश्वर को?
क्या मैं उस वेश्या से पूछूँ
जिसकी खिड़की से आ रही है ज़रा-सी रोशनी?

क्या मैं ले जाऊँ ईश्वर को
किसी दूसरे शहर?
क्या मैं उसे बाँट लूँ दो हिस्सों में
और अपनी काँवर पर रख लूँ
आधा इधर
आधा उधर?

बोलो
कुछ तो बोलो मेरे लोगो
अगर वह चला गया
तो फिर तुम्हें अगले दुर्भिक्ष तक
उसका इन्तज़ार करना होगा!

*[सन्दर्भ : ब्रेश्ट के नाटक 'सेत्जुआन की अच्छी औरत'
में पानी बेचनेवाले का कथन]*

पानी था मैं

कभी पानी था मैं
बस इतना याद है
कि एक दिन एक कटोरे से गिरा
और ज़मीन ने मुझे पी लिया
जबकि एक बकरी उदास तकती रही मुझे
फिर मैं टहलता हुआ चला गया
गेहूँ की जड़ों में
और उसके दानों में सोता रहा हफ़्तों-महीनों
उठा तो पाया अब एक और ही दुनिया है
जहाँ बदल गया हूँ मैं हवा की साँय-साँय में
इस बदले हुए भेस में
रात-रात-भर सड़कों पर घूमता रहा अकेला
और खटखटाता रहा दरवाज़े
सुबह होने पर छिप जाता था
किसी मंजन की डिब्बी
या ब्रश के रेशों में
एक सुबह मैंने एक स्त्री को चौंका दिया
यह कहकर कि मैडम मुझे देखिए तो सही
मैं वही हूँ जो कल आपके गिलास में था
एक साधु से कहा—

बाबा, कभी मुझे भी तो लाओ अपने ध्यान में
आपकी अंजलि से गिर पड़ा मंत्र हूँ मैं
एक रात एक बच्चे ने मुझे सपने में देखा
और ज़ोर से चिपक गया माँ के स्तनों से
वहाँ ज़रा-सा अब भी मौजूद था मैं
पसीने की शक्ल में!
पर एक दिन तो ग़ज़ब हुआ
हूँ तो साँय-साँय ही!
ग़लती से घुस गया संसद-भवन में
घुसते ही लगा—कोई तड़पकर पूछ रहा है
मिस्टर साँय-साँय
आपकी हिम्मत कैसे हुई?
आप घुस कैसे आए इस पवित्र-भवन में?
पर भला हो उस पुलिसवाले का
कि उसने मुझे देखा तक नहीं
और इस तरह उसकी गोली से
बच गया मैं

पर क्या सचमुच बच गया?
दावे के साथ मैं कुछ नहीं कह सकता
क्योंकि अगर कुछ याद है
तो सिर्फ़ इतना कि पहले पानी था
अब साँय-साँय हूँ

पर कभी-कभी कहीं भीतर
जब हो जाता हूँ बेचैन
तो अपनी ही तलाश में भागता हुआ चला जाता हूँ

किसी नारियल के पास
और उसके अन्दर सुनता हुआ जैसे अपनी ही आवाज़
पीटता हूँ घंटों
उसके बन्द किवाड़...

भुतहा बाग़

उधर जाते हुए बचपन में डर लगता था
राही अक्सर बदल देते थे रास्ता
और उत्तर के बजाय
निकल जाते थे दक्खिन से

अबकी गया तो देखा
भुतहा बाग़ में खेल रहे थे बच्चे
वहाँ बन गए थे कच्चे कुछ पक्के मकान
दिखते थे दूर से कुछ बिजली के खम्भे भी

लोगों ने बताया
जिस दिन गाड़ा गया पहला खम्भा
एक आवाज़-सी सुनाई पड़ी थी
मिट्टी के नीचे से
पर उसके बाद कभी कुछ नहीं सुनाई पड़ा।

उनका अनुमान था
कुछ भूत बह गए सन् सरसठ की बाढ़ में
कुछ उड़ गए जेठ की पीली आँधी में
जो बच गए चले गए शायद

किसी शहर की ओर
धन्धे की तलाश में

बेचारे भूत!
कितने ग़रीब थे वे कि रास्ते में मिल गए
तो आदमी से माँगते थे सिर्फ़ चुटकी-भर सुर्ती
या महज़ एक बीड़ी

अब रहा नहीं बस्ती में कोई सुनसान
कोई सन्नाटा
यहाँ तक कि नदी के किनारे का
वह वीरान पीपल भी कट चुका है कब का

सोचता हूँ—जब होते थे भूत
तो कम से कम इतना तो करते थे
कि बचाए रखते थे हमारे लिए
कहीं कोई बावड़ी
कहीं कोई झुरमुट
कहीं निपट निरल्ले में
एकदम अकेला कोई पेड़ छतनार!

तलाश

पानी में झाँककर देखो
हो सकता है वहाँ सिर्फ़ जलकुम्भियाँ हों
या सिर्फ़ काई
या फिर कुछ नहीं सिर्फ़ एक हड्डी
कहीं तल में चमकती हुई
पर ज़रा कोशिश तो करो
ज़रा देखो तो झुककर
हो सकता है किसी मछली की आँख में
सहसा कौंध जाए
तुम्हारा आनेवाला दिन

पर यदि वह वहाँ न मिले
जिसकी पूरी सम्भावना है
तो फिर किसी शाम चले जाओ
अपने शहर के सबसे अन्तिम छोर पर
वहाँ कुछ देर रुको
देखो—
अपने शहर की ओर आते हुए एक-एक चेहरे को
ग़ौर से देखो

टिका दो आँखें उस अन्तिम चेहरे पर
जिस पर सबसे अधिक गर्द हो
अब झाँको उन आँखों में
वहाँ कुछ नहीं मिलेगा
पर हो सकता है उसी में
कहीं दुबका पड़ा हो
तुम्हारा आनेवाला दिन!

पर यदि वह वहाँ भी न मिले
तो किसी दिन चले जाओ
किसी बढ़ई की दुकान पर
वह एक ऐसी जगह है
जिस पर तुम भरोसा कर सकते हो
वहाँ कुछ देर खड़े रहो किसी बसूले के सामने
फिर झुको
उठा लो नीचे से मुट्ठी-भर बुरादा
घुलने दो उसकी गरमाहट
अपनी उँगलियों की नसों में
तुम्हें लगेगा—
तुम्हारी मुट्ठी में बन्द है तुम्हारा आनेवाला दिन!

पर आख़िरकार यदि वह वहाँ भी न मिले
तो लौट आओ घर
इसमें शर्म की कोई बात नहीं
सीधी-सी बात है कि खोजते-खोजते
जब थक जाता है आदमी
लौट आता है घर

असम्भव नहीं कि तुम अपनी गली में घुसो
और उसकी सीलन-भरी हवा में
तुम्हें अचानक मिल जाए एक ऐसी ख़ुशबू
कि तुम एकदम चीख़ पड़ो—यूरेका! यूरेका!

सूर्य : 2011

मैं उसे जानता हूँ
जैसे मेरे भागड़नाला की जलमुर्ग़ियाँ
उसे जानती हैं
मछलियाँ तो माँ के गर्भ से ही
जानती हैं उसे
और जब भी उन्हें लगती है भूख
उसके दो-चार कण
पी लेती हैं धारोष्ण

मैं उसे जानता हूँ
क्योंकि मेरा ख़याल है
वह भी मुझे जानता है
मैं कहीं भी जाऊँ
चाहे जिस भी शहर में
मिल जाता है वह दूर से हाथ हिलाता
और मुस्कुराता हुआ
पहले प्रेम के प्रतिद्वन्द्वी की तरह

मैं उसे इसलिए भी जानता हूँ
कि वह ब्रह्मांड का
सबसे सम्पन्न सौदागर है

जो मेरी पृथ्वी के साथ
ताप और ऊर्जा की तिजारत करता है
ताकि उसका मोबाइल
होता रहे चार्ज

और इस समय जबकि हम
यानी लाखों वर्ष पुराना वह
और पचहत्तरवर्षी मैं
दोनों एक ढाल से उतर रहे हैं
मैं उसे जानता हूँ
जैसे एक समकालीन जानता है
दूसरे समकालीन को।

विद्रोह

आज घर में घुसा
तो वहाँ अजब दृश्य था
सुनिए—मेरे बिस्तर ने कहा—
यह रहा मेरा इस्तीफ़ा
मैं अपने कपास के भीतर
वापस जाना चाहता हूँ

उधर कुर्सी और मेज़ का
एक संयुक्त मोर्चा था
दोनों तड़पकर बोले—
जी—अब बहुत हो चुका
आपको सहते-सहते
हमें बेतरह याद आ रहे हैं हमारे पेड़
और उनके भीतर का वह ज़िन्दा द्रव
जिसकी हत्या कर दी है आपने

उधर आलमारी में बन्द
किताबें चिल्ला रही थीं
खोल दो—हमें खोल दो
हम जाना चाहती हैं अपने बाँस के जंगल
और मिलना चाहती हैं

अपने बिच्छुओं के डंक
और साँपों के चुम्बन से

पर सबसे अधिक नाराज़ थी वह शॉल
जिसे अभी कुछ दिन पहले
कुल्लू से ख़रीद लाया था
बोली—साहब!
आप तो बड़े साहब निकले
मेरा दुम्बा भेंड़ा मुझे कब से पुकार रहा है
और आप हैं कि अपनी देह की क़ैद में
लपेटे हुए हैं मुझे

उधर टी.वी. और फ़ोन का
बुरा हाल था
ज़ोर-ज़ोर से कुछ कह रहे थे वे
पर उनकी भाषा
मेरी समझ से परे थी

—कि तभी
नल से टपकता पानी तड़पा—
अब तो हद हो गई साहब!
अगर सुन सकें तो सुन लीजिए
इन बूँदों की आवाज़—
कि अब हम
यानी आपके सारे के सारे क़ैदी
आदमी की जेल से
मुक्त होना चाहते हैं

अब जा कहाँ रहे हैं—
मेरा दरवाज़ा कड़का
जब मैं बाहर निकल रहा था।

कपास के फूल

वे देवता को पसन्द नहीं
लेकिन आश्चर्य इस पर नहीं
आश्चर्य तो ये है कि कविगण भी
लिखते नहीं कविता कपास के फूल पर
प्रेमीजन भेंट में देते नहीं उसे
कभी एक-दूसरे को
जबकि वह है कि नंगा होने से
बचाता है सबको
और सुतर गया मौसम
तो भूख और प्यास से भी
बचाता है वह

ईश्वर को तो ठंड लगती नहीं
वैसे नंगा होना भी
वहाँ उतना ही सहज है
उतना ही दिव्य
इसलिए इतना तय है कि ठंड के विरुद्ध
आदमी ने ही खोजा होगा
पृथ्वी पर पहला कपास का फूल

पर पहला झिंगोला
कब पहना उसने

पहले तागे से पहली सुई की
कब हुई थी भेंट
यह भूल गई है हमारी भाषा
जैसे अपनी क़मीज़ पहनकर
भूल जाते हैं हम
अपने दर्ज़ी का नाम

पर क्या कभी सोचा है आपने
वह जो आपकी क़मीज़ है
किसी खेत में खिला
एक कपास का फूल है
जिसे पहन रखा है आपने

जब फ़ुर्सत मिले
तो कृपया एक बार इस पर सोचें ज़रूर
कि इस पूरी कहानी में सूत से सुई तक
सब कुछ है
पर वह कहाँ गया
जो इसका शीर्षक था।

ओ पृथ्वी तुम्हारा घर कहाँ है

जीने के अथाह खनिजों से लदी
और प्रजनन की अपार इच्छाओं से भरी हुई
ओ पृथ्वी
ओ किसी पहले आदमी की
पहली गोल लिट्टी
कहीं अपने ही भीतर के कंडे पर
पकती हुई
ओ अग्निगर्भा
ओ भूख
ओ प्यास
ओ हल्दी
ओ घास
ओ एक रंगारंग भव्य नश्वरता
जिसकी हर आवृत्ति में
वही उदग्रता
वही पहलापन
ओ पृथ्वी
ओ मेरी हमरक़्स
तुम्हारा घर कहाँ है!

घास

घास परेशान है इन दिनों
आने दो उसे
अगर आती है वह
दुनिया के तमाम शहरों से खदेड़ी हुई
जिप्सी है वह
तुम्हारे शहर की धूल में अपना खोया हुआ नाम
और पता खोजती हुई

जब तुम सो जाते हो
वह पीटती है तुम्हारे दरवाज़े
कभी देखना ग़ौर से
शायद तुम्हारे मोबाइलों में दिख जाएँ
कुछ धुँधले-से 'मिस्ड-काल'

कुछ सूचनाएँ हैं उसके पास
कुछ बातें ज़रूरी
जो वह बुदबुदाना चाहती है
तुम्हारे कान में
कभी भी...
कहीं से भी उग आने की
एक ज़िद है वह

दुनिया की सबसे ख़ूबसूरत ज़िद—
ताकि 'उगना' शब्द ज़िन्दा रहे तुम्हारे शब्दकोश में

तुम्हारी चौकसी में
बस एक ज़रा-सी ढील उसे चाहिए
तुम्हारे घर के क़िले में
बस एक छोटा-सा सूराख़
कि वह घुस जाए अन्दर
जैसे ग़ालिब के घर में
घुस आया था सब्ज़ा
और अपने भरे बियाबान में
हँस रहे थे वे!

दार्शनिक,
अपनी दाढ़ी में बना लेने दो उसे
एक छोटा-सा घोंसला
कवि,
अपनी पंक्तियों के बीच
घूमने-टहलने दो उसे
वहाँ जो भी ख़ाली है
उसे भर देगी वह

प्रोफ़ेसर,
फैल जाने दो उसे
अपनी किताबों के ढेर से
दीवारघड़ी तक
जो लगातार दे रही है ग़लत समय

कभी-कभी लगता है
और पिछले कुछ समय से
कुछ ज़्यादा ही लगता है
कि आदमी के जनतंत्र में
घास के सवाल पर
होनी चाहिए लम्बी एक अखंड बहस

पर जब तक वह न हो
शुरुआत के तौर पर मैं घोषित करता हूँ
कि अगले चुनाव में
मैं घास के पक्ष में
मतदान करूँगा

कोई चुने या न चुने
एक छोटी-सी पत्ती का बैनर उठाए हुए
वह तो हमेशा मैदान में है!

फ़सल

उसे मैं निकट से जानता था
उसकी एक छोटी-सी दुनिया थी
छोटे-छोटे सपनों
और ठीकरों से भरी हुई
उस दुनिया में पुरखे भी रहते थे
और वे भी
जो अभी पैदा नहीं हुए

भेड़ें उसे अच्छी लगती थीं
ऊन ज़रूरी है—वह मानता था
पर कहता था—उससे भी ज़्यादा ज़रूरी है
उनके थनों की वह गरमाहट
जिससे मिट्टी खेतों में
ज़िन्दा हो जाती है

महुआ उसका मित्र था
आम उसका देवता
बाँस-बबूल थे स्वजन-परिजन
और हाँ—एक छोटी-सी निर्जल
नदी भी थी उसकी दुनिया में
जिसे देखकर

कभी-कभी उसका मन होता था—
उसे उठाकर रख ले अपने कन्धे पर
और ले जाए गंगा तक
ताकि दोनों को फिर से जोड़ दे
पर गंगा के बारे सोचकर
वह हो जाता था निहत्था!

इधर पिछले कुछ सालों से
जब गोल-गोल आलू मिट्टी फोड़कर
झाँकने लगते थे जड़ों से
या फ़सल पककर
झुक जाती थी हवा में
तो न जाने क्यों
वह हो जाता था चुप
कई-कई दिनों तक
बस यहीं पहुँचकर अटक जाती थी उसकी गाड़ी
सूर्योदय और सूर्यास्त के
विशाल पहियों वाली

पर कहते हैं
उस दिन इतवार था
और उस दिन वह ख़ुश था
एक पड़ोसी के घर गया
और पूछ आया आलू का भाव-ताव
पत्नी से हँसते हुए पूछा—
पूजा में कैसा रहेगा सेहुँड़ का फूल?
गली में भूँकते हुए कुत्ते से कहा—

'ख़ुश रह चितकबरा
ख़ुश रह!'
और निकल गया बाहर

किधर?
क्यों
कहाँ जा रहा था वह
अब मीडिया में इसी पर बहस है

उधर हुआ यह
कि ज्यों ही वह पहुँचा मरखहिया मोड़
कहीं पीछे से एक तेज़ भोंपू की आवाज़ आई
और कहते हैं—क्योंकि देखा किसी ने नहीं—
उसे रौंदती चली गई

अब यह हत्या थी
या आत्म-हत्या
यह आप पर छोड़ता हूँ
क्योंकि अब तो वह सड़क-किनारे
चकवड़ घास की पत्तियों के बीच पड़ा था
और उसके होंठों में दबी थी
एक हल्की-सी मुस्कान

उस दिन वह ख़ुश था।

नदी का स्मारक

अब वह सूखी नदी का
एक सूखा स्मारक है
काठ का एक जर्जर पुराना ढाँचा—
जिसे अब भी वहाँ लोग
कहते हैं 'नाव'

जानता हूँ—लोगों पर उसके
ढेरों उपकार हैं
पर जानता यह भी हूँ कि उस ढाँचे ने
बरसों से पड़े-पड़े
खो दी है अपनी ज़रूरत

इसलिए सोचा
अबकी जाऊँगा तो कहूँगा उनसे—
भाई लोगो,
काहे का मोह
आख़िर काठ का पुराना ढाँचा ही तो है
सामने पड़ा एक ईंधन का ढेर—
जिसका इतना टोटा है!
वैसे भी दुनिया
नाव से बहुत आगे निकल गई है
इसलिए चीरकर-फाड़कर

उसे झोंक दो चूल्हे में
यदि नहीं
तो फिर एक तखत या स्टूल ही बना डालो उसका
इस तरह मृत नाव को
मिल जाएगा फिर से एक नया जीवन...

पर पूरे जतन से
उन शब्दों को सहेजकर
जब पहुँचा उनके पास
उन आँखों के आगे भूल गया वह सब
जो गया था सोचकर
'दुनिया नाव से आगे निकल गई है'—
यह कहने का साहस
हो गया तार-तार

वे आँखें
इस तरह खुली थीं
मानो कहती हों—
काठ का एक जर्जर ढाँचा ही सही
पर रहने दो 'नाव' को
अगर वह वहाँ है तो एक न एक दिन
लौट आएगी नदी

जानता हूँ
वह लौटकर नहीं आएगी
आएगी तो वह एक और नदी होगी
जो मुड़ जाएगी कहीं और

सो, चलने से पहले
मैंने उस जर्जर ढाँचे को
सिर झुकाया
और जैसे कोई यात्री पार उतरकर
जाता है घर
चुपचाप लौट आया।

सृष्टि पर पहरा

जड़ों की डगमग खड़ाऊँ पहने
वह सामने खड़ा था
सिवान का प्रहरी
जैसे मुक्तिबोध का ब्रह्मराक्षस—
एक सूखता हुआ लम्बा झरनाठ वृक्ष
जिसके शीर्ष पर हिल रहे थे
तीन-चार पत्ते

कितना भव्य था
एक सूखते हुए वृक्ष की फुनगी पर
महज़ तीन-चार पत्तों का हिलना

उस विकट सुखाड़ में
सृष्टि पर पहरा दे रहे थे
तीन-चार पत्ते।

हक़ दो

फूल को हक़ दो, वह हवा को प्यार करे,
ओस, धूप, रंगों से जितना भर सके, भरे,
सिहरे, काँपे, उभरे,
और कभी किसी एक अँखुए की आहट पर
पंखुड़ी-पंखुड़ी सारी आयु नाप कर दे दे—
किसी एक अनदेखे-अनजाने क्षण को
नए फूलों के लिए!
गंध को हक़ दो—वह उड़े, बहे, घिरे, झरे, मिट जाए,
नई गंध के लिए!
बादल को हक़ दो—वह हर नन्हे पौधे को छाँह दे, दुलारे,
फिर रेशे-रेशे में हल्की सुरधनु की पत्तियाँ लगा दे,
फिर कहीं भी, कभी भी, गिरे, बरसे, घहरे, टूटे—
चूक जाए—
नए बादल के लिए!
डगर को हक़ दो—वह, कहीं भी, कहीं भी, किसी
वन, पर्वत, खेत, गली-गाँव-चौहटे जाकर—
सौंप दे थकन अपनी,
बाँहे अपनी—
नई डगर के लिए!
लहर को हक़ दो—वह कभी संग पुरवा के,
कभी साथ पछुवा के—

इस तट पर भी आए—उस तट पर भी जाए,
और किसी रेती पर सिर रख सो जाए
नई लहर के लिए!
व्यथा को हक़ दो—वह भी अपने दो नन्हे
कटे हुए डैनों पर,
आने वाले पावन भोर की किरन पहली
झेल कर बिखर जाए
झर जाए—
नई व्यथा के लिए!
माटी को हक़ दो—वह भीजे, सरसे, फूटे, अँखुआए,
इन मेंडों से लेकर उन मेंडों तक छाए,
और कभी न हारे,
(यदि हारे)
तब भी उसके माथे पर हिले,
और हिले,
और उठती ही जाए—
यह दूब की पताका—
नए मानव के लिए!

अन्न संकट?

आज सुबह-सुबह
शहर में शोर था—
कि दुनिया के सबसे बड़े भंडार में
दाने अचानक कम हो गए हैं

मैं उठा
और एक किसान का बेटा मैं
विरोध में खोज लाया
कहीं घर के भीतर से राख में दबा
एक पुराना दाना
और पूरी ताक़त से
उसे उस ओर फेंका
जिधर से उठ रहा था शोर

कहते थे पिता
उस दाने का पुरखा
मेरे पुरखे के पुरखों के किसी पुरखे को
मनु की टूटी हुई
नाव में मिला था।

कृतज्ञ कीचड़

उस कीचड़ के तल में
बस ज़रा-सा जल था
कोई जानवर अभी-अभी गया था
उसे जबड़ों से सुड़ककर
उसके जबड़ों की
गरम-गरम भाप
अब भी टँगी थी हवा में
खुरों के लम्बे निशान गवाह थे
कि कृतज्ञ कीचड़
उस प्यासे को छोड़ने
कुछ दूर तक गया था

दुनिया बचाने के
गुरुतर कार्य में
तुच्छ कीचड़ का यह अपना योगदान था।

एक लोकगीत की अनु-कृति

[जो मैंने मंगल माँझी से सुना था]

आम की सोर पर
मत करना वार
नहीं तो महुआ रात-भर
रोएगा जंगल में

कच्चा बाँस कभी काटना मत
नहीं तो सारी बाँसुरियाँ
हो जाएँगी बेसुरी

कल जो मिला था राह में
हैरान-परेशान
उसकी पूछती हुई आँखें
भूलना मत
नहीं तो साँझ का तारा
भटक जाएगा रास्ता

किसी को प्यार करना
तो चाहे चले जाना सात समुन्दर पार

पर भूलना मत
कि तुम्हारी देह ने एक देह का
नमक खाया है।

मतदान केन्द्र पर झपकी

अबकी वोट देने पहुँचा
तो अचानक पता चला
मतदाता सूची में
मेरा नाम ही नहीं है
किसी से कुछ पूछूँ कि मेरे भीतर से
आवाज़ आई—
उज़बक की तरह ताक़ते क्या हो
न सही मतदाता सूची में
उस विशाल सूची में तो हो ही
जिसमें वे सारे नाम हैं
जो छूट जाते हैं बाहर

बाहर निकला
तो निगाह पड़ी सामने खड़े पेड़ पर
सोचा—वह भी तो नागरिक है इसी मिट्टी का
और देखो न मरजीवे को
खड़ा है कैसा मस्त मलंग!

मैं पेड़ के पास गया
और उसकी छाँह में बैठे-बैठे
आ गई झपकी

देखा—पेड़ के नेतृत्व में
चले जा रहे हैं बहुत पेड़ और लोग
जिसमें शामिल हैं—
बड़
पाकड़
गूलर
गंभार
मसान काली का दमकता सिन्दूर
चला जा रहा था आगे-आगे
कि सहसा एक पत्ती के गिरने का
धमाका हुआ
और टूट गई नींद
मैंने देखा
अब मेरी जेब में मेरा अनदिया वोट है
—एक नागरिक का अन्तिम हथियार—

मैंने ख़ुद से कहा
अब घर चलो केदार
और खोजो इस व्यर्थ में
नया कोई अर्थ।

पानी

मैं घोषित करता हूँ
कि पानी
मेरा धर्म है
आग मेरा वेदान्त
हवा से मैंने दीक्षा ली है
घास-पात मेरे सहपाठी
रास्ता मेरा देवता है
मकई मेरा कल्पवृक्ष
भागड़नाला मेरी गंगा

इस तरह यह वृद्ध शिशु
दुनिया के चौराहे पर
खड़ा है चंगा।

दरवाज़े खुले रखो

दरवाज़े खुले रखो
वे लौट सकते हैं
उम्मीद मत रखो
बस उन्हें खुला छोड़ दो
दरवाज़ों का खुला होना
ख़ुद एक उम्मीद है
जो थामे रखता है नींव को
मैंने ईंटों से सीखा है
घर का व्याकरण
हालाँकि घर का हिसाब
आज तक समझ में नहीं आया
एक बार फेल हुआ गणित के पर्चे में
तो होता रहा फेल-दर-फेल
मैंने किसुन कोइरी से सीखा
कुदाल का अर्थ
मँगनी कुम्हार से
माटी का सौन्दर्य समझा
मेरे बहुत-से गुरु हैं
असंख्य उस्ताद
मैं हर पक्षी का शागिर्द हूँ
हर वृक्ष का छात्र

पहली किताब मैंने पुस्तक-विक्रेता से
नहीं
पेड़ से ख़रीदी थी
पत्तों के बजने से
मैंने सीखा था छंद
नफ़रत के विरुद्ध मैंने पहला पाठ
एक मक्खी से जाना था
जीने की उद्दाम लालसा
मैंने पाई उसी से
मैंने बहुत कुछ सीखा
सीखते-सीखते पक गए बाल
सोचता हूँ अख़बार में दे दूँ विज्ञापन
एक ऐसे गुरु के लिए
जो मुझे पढ़ा दे
दुनिया का पंचतंत्र।

जैसे खाल की नई परत

ओ पृथ्वी
इस ढाल के नीचे
कहीं तुम्हारा धड़कता हुआ दिल है
और किसी राजा की राजधानी
और हज़ारों मन सोना
और बहुत-से पाँव
चलने के लिए बेचैन
और बहुत-सी हड्डियाँ
और असंख्य आत्माएँ
अपनी देहों को खोजती हुईं
और बहुत-सी नींवें
चीखतीं-चिल्लातीं
और ढेरों आत्माएँ
और हिनहिनाहटें असंख्य
किसी अस्तबल की दिशा में भागती हुईं
और प्रहरियों की ऊब
और वेश्याओं की आँखों की डब-डब
और हर कील में
एक छिपा हुआ कारख़ाना
और हर अणु में
एक अदृश्य अणुबम

और पक्षी
फिर भी उड़ते हुए
और घासें फिर भी उगती हुई
जैसे घाव पर खाल की
नई परत...

गड़ेरिया

सूर्यास्त से पहले
वह रोज़ अपनी भेड़ों की गिनती करता था
यह एक टोटका जैसा कुछ था
भेड़ों के देवता को ख़ुश करने के लिए
उसका विश्वास था
जब सबके देवता हैं
तो इन भेड़ों का भी देवता
ज़रूर कोई होगा
उसने एक बार झुककर
सूरज की ओर देखा
और शुरू कर दी गिनती...
एक
दो—
पाँच...सात...
कि यहाँ पहुँचकर
ठिठक गया वह
वह उतनी-सी जगह
रेवड़ में ख़ाली थी
उर्र...उर्र...
उसने भेड़ों की भाषा में आवाज़ दी
वहाँ एक भेड़ एक छौने को

जन्म दे रही थी
रक्त में लिथड़ा वह आधा गर्भ में था
आधा पृथ्वी पर
और भेड़
एक अश्रव्य कराह
और अथाह रोमांच के बीच
उसे देख रही थी
एक बबूल के नीचे
एक नये बोधिसत्व का
जन्म हो रहा था।

लौटते हुए

लौटते हुए देखा
सड़क पर चला जा रहा एक जुलूस
एक पेड़ के नेतृत्व में
और बहुत सारे पेड़
और ढेरों लोग लगा रहे थे नारे
काले पीले सफ़ेद नारे
टकरा रहे थे आपस में
नारों में पेड़ों की शाखें भी शामिल थीं
काँटे और फूल भी
स्पष्ट कुछ नहीं था
न हाथ
न चेहरे
पर पृथ्वी के सबसे सटीक और सुन्दर नारे
टकरा रहे थे हवा में—
लौटा दो
हमें लौटा दो हमारे हाथ
चींटियों को लौटा दो उनके बिल
साँपों को उनके फूँकार
नदियों को उनका पानी
जंगलों को उनके घोटुल
जारवा को उनकी ज़बान

आँखों को उनकी झपकी
सेंहुड़ को उनके काँटे
बिच्छुओं को उनका विष
मुझे मेरा घर
मेरे घर को उसकी चौखट
चौखट को मेरे पाँव
मेरे पाँवों को
मेरा चलना लौटा दो
अभी भी समय है
बर्फ़ हूँ मैं
मुझे मेरा गलना लौटा दो...